Nina Rauprich
Im Schatten des großen Shiva

Nina Rauprich

Im Schatten des großen Shiva

Eine Geschichte aus Indien

Deutscher Taschenbuch Verlag

Inhalt

1. Kapitel
Der Traum von der reichen Stadt 7

2. Kapitel
Ravi und die Vögel 16

3. Kapitel
Ein Unglücksbringer und seine Folgen 26

4. Kapitel
Ein Straßenmonster mit Götteraugen 36

5. Kapitel
Endstation Bahnhof 46

6. Kapitel
Die Kinder von der ersten Plattform 58

7. Kapitel
Auf dem Bazar 68

8. Kapitel
Der große Regen 79

9. Kapitel
Ein Röhrchen mit Braunem Zucker 89

10. Kapitel
Eine Hose auf Bestellung 103

11. Kapitel
Das Orakel des Wahrsagers 116

12. Kapitel
Bei den Missionarinnen der Nächstenliebe 130

13. Kapitel
Eine Stimme aus der Dunkelheit 142

14. Kapitel
In einem rabenschwarzen Loch 151

15. Kapitel
Die Untertanen des Kinderkönigs 159

16. Kapitel
Der Einbruch 167

Nachwort 181

Worterklärungen 183

1. Kapitel
Der Traum von der reichen Stadt

Heute Nacht ist was los draußen. Die wilden Hunde jagen durch die Felder und jaulen wie verrückt. In der Feigenpappel, die älter ist als das Dorf, die schon immer da war und die kein anderer Baum überragt, so weit man schauen kann, in der Feigenpappel kreischen Affen und grüne Papageien, vielleicht auch noch die Geister. Wer weiß das schon? So ein Baumriese hat seine Geheimnisse.

Heute ist Vollmond. Niemand würde sich aus der Hütte wagen. Ravi rutscht von seiner Matte aus Reisstroh und tastet sich zu der Mutter. Die Eltern schlafen auf einem Shaboi*. Es ist das einzige Möbelstück, das sie besitzen, eine niedrige Liege ohne Matratze.

Der Vater hat die Liege selber gebaut, einen Rahmen aus Holz zurechtgeschnitten und Riemen aus Jute dazwischengespannt. Sie ist gerade passend für drei Schläfer. Aber die Mutter bekommt ein Baby. Und dann muss Ravi endgültig auf dem Boden bleiben. Für ein zweites Shaboi ist kein Platz in der Hütte.

Es ist heiß in dem engen Raum. Kein Luftzug ist zu spüren. Ravi liegt mit offenen Augen auf der Baumwolldecke und horcht. Wenn es dunkel ist, schlafen die Affen und die grünen Papageien auch. Aber bei Voll-

---

* Die in diesem Buch verwendeten indischen Begriffe werden im Anhang in alphabetischer Reihenfolge erklärt.

mond müssen sie kreischen, sonst halten sie die Nacht nicht aus.

Durch die Fensteröffnung über dem Shaboi fällt ein schwacher Lichtschein genau auf das Bild von Shiva. Shiva ist ein Hindugott, mächtig und manchmal zornig. Man darf ihn nicht verärgern. Er kann beschützen oder vernichten.

»Shivas Schatten streift jede Kreatur«, sagt der greise Swami. Er ist der Dorfheilige, er muss es wissen.

Es gibt noch andere Götter und Göttinnen, sogar viele. Der greise Swami behauptet, sie seien alle eins und erschienen nur in verschiedener Weise. Ravi versteht nicht, was das heißen soll. Aber wer versteht schon die Götter?

Auf jeden Fall ist es gut, Shiva um Schutz zu bitten. Wer ist denn sonst mächtig genug um Unheil abzuwenden? Wer kann die Baumgeister zum Schweigen bringen oder die Regenmassen zähmen, wenn sie vom Himmel stürzen und alles überschwemmen? Der Patron etwa, dem alles Land ringsum gehört, mit Bäumen und Tieren, mit dem Saatgut und der Ernte? Der Patron ist auch mächtig und manchmal zornig. Das weiß jeder. Aber auch er hat ein Bild von Shiva neben dem Lenkrad in seinem Auto. Bestimmt hat er auch eins in seinem Haus. Außerdem fährt der Patron jedes Jahr mit seiner Familie zu einem besonders heiligen Tempel um dort ein Opfer zu bringen. Der Gott soll ihn vor bösen Geistern beschützen und Unglück fern halten von seinem Haus, seiner Familie, seinem Auto, den Feldern, Büffeln, Ziegen und allem, was er sonst noch hat.

Also ist Shiva mächtiger als der Patron. Kein Wunder, der Patron ist auch nur ein Mensch. Allerdings ein Landbesitzer. Die Landbesitzer sind die mächtigsten Menschen, die Ravi kennt. In den weiten, fruchtbaren Ebenen Indiens ist das so. Und Ravi lebt in einem indischen Dorf. Das Dorf heißt Radapur.

Der Vater bewegt sich unruhig. Er krächzt und räuspert sich im Halbschlaf. Er hustet. Der Vater hat schon lange Husten.

»Das kommt vom Staub«, sagen die Leute im Dorf. Viele leiden darunter.

»Das kommt von der schlechten Ernährung«, sagt die Mutter. »Es gibt zu wenig Milch, Eier und Fett. Nie wird man richtig satt.«

Der Vater ist vor Monaten zum Medizinladen gelaufen, fünf Kilometer hin und fünf Kilometer zurück. Der Medizinladen liegt an der Landstraße. Dort liegen alle Läden und das weiße Haus aus Stein. Das Haus des Patrons. Aber im Medizinladen gab es keine Pillen gegen Staub, auch keine gegen Hunger.

Der Vater ist nun ganz wach. Er hat sich aufgesetzt und hustet, bis er wieder durchatmen kann. Es hört sich fast an wie das Bellen der wilden Hunde. Ein bisschen unheimlich. Bei Vollmond hört sich alles ein bisschen unheimlich an.

»Du brauchst einen Doktor«, sagt die Mutter leise.

»Es kommt nie ein Doktor nach Radapur, das weißt du selber«, knurrt der Vater und hustet wieder. »So viel Geld, dass ich mit dem Bus in die Stadt zum Doktor fahren kann und dann noch wieder zurück, so viel Geld gibt mir der Patron nicht.«

»Viele fahren in die reiche Stadt und werden dort selber reich«, sagt die Mutter noch leiser.

Der Vater legt sich wieder hin. Aber Ravi merkt, dass er nicht schläft. Die Juteriemen ächzen und der Holzrahmen knarrt. Die Eltern sprechen oft von der reichen Stadt, wenn sie nicht schlafen können. Sie träumen von einem besseren Leben.

Jedes Jahr gehen ein paar aus Radapur fort nach Delhi, der Hauptstadt Indiens. Es gibt viele große Städte, Kalkutta, Bombay und wie sie alle heißen. Aber Delhi liegt am nächsten bei Radapur. Meistens sind es junge Männer, die dort ihr Glück suchen. Sie wollen sich nicht länger abschuften für den Patron. Sie wollen nicht in einem Dorf leben, das keine einzige Straße hat, zu dem die Strommasten nicht hinreichen, in dem es keinen Laden gibt, kein Kino, keinen Doktor, keine Wasserleitung, nur eine Ansammlung niedriger Hütten aus gelblichem Lehm. Die Hütten haben kein Glas in den Fensterluken und keine Tür vor dem Eingang, nur ein Tuch, manchmal ein Brett oder gar nichts. Wasser gibt es aus dem Brunnen und Arbeit in den Feldern. Die Ernte gehört dem Patron. Er lässt den Leuten in den Hütten gerade genug zum Leben.

Deshalb sind schon viele aus dem Dorf fortgegangen und keiner ist zurückgekehrt.

Nur einmal ist ein Brief gekommen. Ravi erinnert

sich noch genau daran. Es war vor zwei Jahren, als seine Lieblingsbäume, die Mangos, besonders viele Früchte trugen. Der Patron kam unerwartet ins Dorf. Weil die Erde trocken war, fuhr er mit dem Auto. Ravi hatte schon von weitem eine größer und größer werdende Staubfahne beobachtet und sofort gewusst, das konnte nur der Patron sein.

Alle Kinder liefen zusammen, weil sonst nie ein Auto kommt. Während der Regenzeit sind die Wege mit Schlamm bedeckt. Jedes Fahrzeug würde darin versinken. Aber auch bei Trockenheit rumpeln gewöhnlich nur Ochsenkarren vorüber.

Der Patron stieg aus und rief ihnen zu, dass ein Brief von Ashok gekommen sei, aus Delhi. Da liefen auch die Erwachsenen herbei, nicht nur die Eltern, Geschwister und Verwandten von Ashok. Ein Brief war etwas Seltenes. Das ging alle an. Außerdem kannte jeder Ashok und wollte hören, ob er reich geworden sei.

Der Patron musste den Brief vorlesen, weil niemand aus Radapur zur Schule gegangen war. Alle hörten gespannt zu. Ashok schrieb, er arbeite jetzt für einen anderen Patron, der ihm eine Fahrradriksha gegeben hätte. Das sei ein Dreirad, auf dem hinten zwei oder drei Leute Platz hätten, um sich durch die Stadt kutschieren zu lassen. Es gäbe viele Fremde in Delhi, die nur Englisch sprächen. Die Fremden seien dumm und reich. Sie stiegen auf seine Fahrradriksha ohne vorher einen Preis auszuhandeln. Er würde dann viel mehr verlangen, als üblich sei. Die Fremden merkten das gar nicht. Einige gäben ihm sogar noch ein Trinkgeld extra.

Als Beweis, wie reich Ashok jetzt war, lagen hundert Rupien in dem Brief.

Das war eine Aufregung! Alle wollten den Brief anfassen. War der wirklich von Ashok? Hundert Rupien, so viel Geld! Wer den Brief wohl geschrieben hatte? Ashok vielleicht, der nie zur Schule gegangen war und jetzt die Fremden, die nur Englisch sprachen, übers Ohr haute? Alle waren stolz auf Ashok.

»Warum lasst ihr eure Kinder nichts lernen?«, unterbrach der Patron das aufgeregte Geschnatter. »Ihr wisst, dass an der Landstraße eine Schule ist. Sie kostet kein Geld. – Wie alt bist du? Ja, dich meine ich!«

Ravi hatte erschrocken den Blick gesenkt, als ihn der Patron ansprach. Wer hat schon dauernd sein Alter im Kopf? Schließlich änderte sich das jedes Jahr. Beharrlich blickte er auf seine Füße und nahm sich vor, die Eltern zu fragen, ob er neun oder zehn oder schon elf Jahre alt war.

Der Patron ließ ihn in Ruhe und sprach andere Kinder an. »Geht zur Schule«, sagte er. »Dort lernt ihr rechnen, schreiben, lesen und natürlich die englische Sprache. Jeder bei uns in Indien sollte sie verstehen, weil sie die Amtssprache ist. Wer zur Schule gegangen ist, kann später einen guten Beruf ausüben, einen viel besseren als Rikshafahrer. Ihr werdet immer mehr hier im Dorf, aber die Landarbeit bleibt Jahr für Jahr gleich. Ihr murrt, weil ihr arm seid, und haltet mich für einen Halsabschneider. Doch dass die Preise überall steigen und die Steuern erhöht werden, davon versteht ihr nichts. Ihr kennt nur eure Sorgen. Ich sage euch, wenn ihr wollt, dass es euch besser geht, dann schickt die Kinder zur Schule.«

Ob es nun die Worte des Patrons waren oder der Brief von Ashok, an diesem Tag wollten viele Kinder zur Schule gehen. Eine Woche später hatten allerdings einige schon keinen Mut mehr oder sie mussten den Eltern bei der täglichen Arbeit helfen. Ravi, drei weitere Jungen und ein Mädchen machten sich aber eines Morgens doch auf den weiten Weg zu dem Marktflecken an der Landstraße. Weil sie sich nicht in die Schule trauten, gingen sie zu dem Haus des Landbesitzers und standen unschlüssig vor der Tür.

Sheela, die älteste Tochter des Patrons, lachte die unbeholfenen Kinder aus. Aber schließlich brachte sie die fünf zu dem Lehrer. Alles war schwierig und ungewohnt, ganz anders, als sie sich eine Schule vorgestellt hatten. Sie mussten jeden Morgen zu einer genau festgesetzten Zeit dort sein. In Radapur hat aber niemand eine Uhr. So kamen die Landarbeiterkinder manchmal viel zu früh und am nächsten Tag zu spät zum Unterricht.

Der Lehrer achtete darauf, dass die Schulkleidung sauber war. Doch im Sommer ist es schon frühmorgens sehr heiß. Bis Ravi in der Schule ankam, war er verschwitzt und mit Staub bedeckt. Der Lehrer schimpfte.

In den Ferien hüteten die Dorfkinder wieder Ziegen, fütterten die Hühner, passten auf die kleineren Geschwister auf und sammelten Reisig, damit die Mütter kochen konnten. Sie liefen zum Brunnen und schütteten sich gegenseitig Wasser über den Kopf. Das war herrlich erfrischend. Anschließend stibitzten sie dem Patron Zuckerrohr. Die Rinde rissen sie mit den Zähnen ab und kauten das süße, saftige Fruchtfleisch der Stängel. Sie vergaßen die Schule. Da sie keinen Kalender kannten, merkten sie nicht, dass die Ferien längst vorbei waren. Als sie es dann doch irgendwann erfuhren, trauten sie sich nicht mehr zu dem strengen Lehrer. Und alles blieb, wie es schon immer war.

Ashok hat seitdem keinen Brief mehr geschickt, auch keine Rupien. Ravi wundert sich, dass ihm nach so langer Zeit dieser Brief wieder eingefallen ist, noch dazu mitten in der Nacht. Aber noch mehr wundert er sich, dass auch die Eltern gerade jetzt daran denken. Bei Vollmond ist wirklich alles ein bisschen verrückt.

»Den ganzen Tag spazieren fahren mit so einer Riksha«, murmelt der Vater. »Ashok hat es gut getroffen.«

»Aus vielen Ländern reisen Menschen nach Indien«, sagt die Mutter. »Frag nur die Händler an der Straße. Sie warten die ganze Woche auf den Donnerstag, weil dann der Bus aus Delhi kommt. Er hält an den Gemüseständen. Und abends hält ein Bus aus der anderen Richtung und fährt nach Delhi zurück. Oft sind Fremde darin. Sie kaufen Andenken oder Erdnüsse, Apfelsinen, Bananen, sogar Wasser in Flaschen. Denn von unserem Brunnenwasser werden sie krank. Was meinst du, wie viele Fremde erst in den reichen Städten herumspazieren und einkaufen? Wenn wir auch einen Laden hätten, irgendwo in Delhi ...«

».. . oder eine Riksha«, überlegt der Vater.

»Ravi könnte wieder zur Schule gehen und du zu einem Doktor.« Die Stimme der Mutter wird lebhaft. »Wir müssten nie mehr hungern und könnten uns Schuhe kaufen. Für jeden ein eigenes Paar! Am Holi-Holi-Fest gäbe es Süßigkeiten und –«

»Ja, ja, ja«, unterbricht der Vater. Es klingt unwirsch. Er muss gleich wieder husten. »Wenn das aber alles nicht so ist?«, fragt er. »In Delhi kennen wir niemanden. Wer hilft uns denn da?«

Darauf antwortet die Mutter nicht. Immer an dieser Stelle hören die Eltern auf von einem besseren Leben zu träumen. In Radapur wohnen Onkel und Tanten, Großeltern, Brüder, Neffen und Großneffen. Sie alle gehören zur Familie. Die Familie ist wichtig bei Krankheit und Not, bei Festen und wenn der Tod kommt.

Wer in die Stadt geht, ist allein.

Vor den Mond haben sich Wolken geschoben. Shiva ist unsichtbar geworden. Die Affen und Papageien hören auf zu lärmen. Die wilden Hunde sind weitergezogen.

Ravi macht die Augen zu. Mit der reichen Stadt Delhi ist es wie mit der Schule. Man träumt davon und vergisst es wieder. Beides ist zu weit entfernt von einem Dorf wie Radapur.

2. Kapitel
Ravi und die Vögel

»Ravi, Junge! Willst du heute gar nicht munter werden?« Eine Hand schüttelt ihn an der Schulter.

Was? Der Tag hat schon angefangen? Ravi setzt sich auf. Es kommt selten vor, dass die Mutter ihn weckt. Normalerweise steht Ravi mit den Vögeln auf. Er kennt die vielen Arten genau, die rund um das Dorf leben. Er weiß, welche Vögel immer da sind und welche sich nur auf der Durchreise ausruhen. Er kann auch ihre Stimmen unterscheiden. Dazu muss er sie nicht einmal sehen. Ravi bemerkt sogar, wie sich der Ruf der Vögel verändert. Morgens, wenn es gerade hell wird, lärmen die blauschwarzen Krähen viel lauter als ein paar Stunden später, wenn sie sich satt gefressen haben. Gestern kamen Wiedehopfe ins Dorf. Hitze und Trockenheit setzten ihnen arg zu. Sie suchten Schatten bei den Hütten. Ravi hat sie nicht gesehen, nur ihr dünnes Piepsen gehört. Ihre Stimmen klangen matt.

Sein Lieblingsvogel ist der blau und türkis schimmernde Kingfischer. Der nistet bei den Sümpfen, weit außerhalb des Dorfes. Ravi ist ihm oft nachgeschlichen und hat die Zeit darüber vergessen. Auch dem Sonnenvogel ist er gefolgt. Der ist sehr scheu. Er kann sich sogar unsichtbar machen in der flimmernden Luft, behauptet der greise Swami. Aber Ravi hat dicht neben seinem Nest gestanden. Der Sonnenvogel ist nicht fortgeflogen und hat sich auch nicht in Licht aufgelöst.

Die weißen Ibisse, die Kraniche, Adler oder die unheimlichen Geier mit den nackten Hälsen fallen jedem auf. So groß wie die sind! Die Höhlennester der kleinen Fliegenschnäpper findet keiner außer Ravi, weil nur er ihr Zirpen heraushören kann aus den vielen verschiedenen Geräuschen des Tages.

»Du bist ein Vogelmensch, Ravi«, sagen deshalb die Leute in Radapur.

Das stimmt. Der greise Swami sagt es auch. Und der ist älter und weiser als alle andern in Radapur. Er ist ein Heiliger.

Es gibt überall Heilige in Indien. Sie können hundertzwanzig Jahre alt werden oder so. Vieles, was Ravi über die Vögel weiß, hat er von dem alten Mann gelernt. So ein Dorfheiliger hat Zeit. Er hockt im Schatten, hört und schaut und erzählt.

»Ravi, du bist selber einmal ein Vogel gewesen in einem früheren Leben.« Wenn der greise Swami so redet, widerspricht ihm keiner. In Indien glaubt jeder an die Wiedergeburt.

Und Ravi fühlt sich mit den Vögeln verwandt. Sie wecken ihn am Morgen, warnen ihn vor Schlangen, sie folgen ihm zwitschernd, wenn er allein zu den Sümpfen geht, in denen man während der Regenzeit baden kann.

Die Vögel haben keine Angst vor Ravi. Krähen und Wiedehopfe setzen sich manchmal auf seine Hand. Wenn er die grünen Papageien lockt, flattern sie so dicht um seinen Kopf, dass sie ihn mit den Flügeln streifen.

Ravi ist wirklich ein Vogelmensch.

Doch heute hat er glatt verschlafen. Bestimmt sind auch die Morgensänger aus ihrer gewohnten Ordnung gekommen, weil der Vollmond sie in der Nacht verrückt gemacht hat. Im Augenblick sind alle still.

Ravi steht auf. Er zieht das Tuch zurecht, das er um die Hüften geschlungen hat. Dann nimmt er eine rostige Dose, gießt Wasser hinein und läuft damit nach draußen. Der Vater ist schon vorgegangen zu dem Acker am Dorfrand, der als Toilette dient. Die Männer haben einen Acker für sich, und die Frauen haben einen andern. Natürlich geht Ravi auf den Männeracker. Nur Kleinkinder laufen ihren Müttern nach.

Als Ravi ankommt, hocken da Männer und Jungen in geringen Abständen nebeneinander. Sie haben alle ein Tuch um die Hüften gebunden. Dhoti wird das genannt. Hosen, wie sie die Fremden tragen, können sich nur reiche Inder leisten. So ein Hüfttuch ist durchaus praktisch, wenn man daran gewöhnt ist.

Ravi hockt sich dazu. Die Männer husten, lachen, schwatzen und schimpfen. Für Ravi klingt das nicht anders als das morgendliche Lärmen der Vögel. Wer fertig ist, reinigt sich mit Wasser.

»Weißt du, dass die Engländer sich mit Papier abputzen?«, sagt Gulab, ein Junge, der ein paar Jahre älter ist als Ravi.

»Waschen die nicht ihren Hintern?«, fragt Ravi.

»Ich sage es dir doch, die nehmen Papier«, wiederholt Gulab mit einem Gesichtsausdruck, als müsse man Ravi alles dreimal erklären. »Und – soll ich dir noch etwas verraten? Sie essen Schweinefleisch.«

Ravi ist schockiert, aber er verzieht keine Miene. Gulab macht oft dreckige Witze. Darauf fällt Ravi nicht mehr herein. »Damit kannst du deine kleine Schwester zum Kreischen bringen«, meint er abfällig. »Ich glaube dir kein Wort. Woher willst du das denn wissen?«

»Na ja, gesehen habe ich es nicht«, gibt Gulab zu. »Aber ich weiß es trotzdem. Mein Vetter, der an der Bushaltestelle Shai verkauft, hat einen Schwager. Ich habe dir schon öfter von ihm erzählt. Der Schwager hat mal in einem Hotel gearbeitet. Das war piekfein wie das Haus von unserm Patron. Da hat es nur so gewimmelt von Engländern und Amerikanern. Der Koch in dem Hotel hatte ein Buch. Ein richtiges Buch mit Schrift und Bildern! Auf einem Bild war ein gebratenes Ferkel zu sehen. Der Schwager von meinem Vetter hat es selbst gesehen. Und das Buch kam aus England.«

Ravi kann Gulab nicht leiden. Dieser blöde Angeber! Immer hat der solche Geschichten auf Lager. Die können gar nicht alle wahr sein.

Ravi antwortet nicht. Er steht auf, nimmt seine Dose und macht sich auf den Rückweg.

»Du kannst meinen Vetter selbst fragen, wenn du mir nicht glaubst«, ruft Gulab ihm nach. Aber Ravi will nichts mehr davon hören.

In Radapur gibt es auch Schweine, wie in jedem Dorf. Man braucht sie zur Abfallbeseitigung. Einmal am Tag werden sie auf die Latrinenäcker getrieben.

Dafür ist eine Familie zuständig, die abgesondert von den anderen Hütten wohnt. Schweine sind unrein. Sie fressen alles, was schmutzig ist und stinkt, sogar die Haufen auf den Äckern. Ravi hat noch nie ein Schwein angefasst, auch die Mutter und der Vater nicht. Selbst Gulab würde sich nicht so weit erniedrigen. Aber dreckige Witze reißen und behaupten, die Engländer würden Schweinefleisch *essen!* Das kann er, dann ist er groß!

Ravi schüttelt sich. Er isst kein Fleisch. Die Hindu-Religion verbietet das. Er hat auch noch nie mit den Kindern der Schweinehirten gespielt. Diese Familie gehört zu den Kastenlosen. Harijans werden sie genannt. Ihr Leben ist trostlos. Denn die Götter wollen, dass sie alles Unreine auf Erden erledigen, weil sie vielleicht in ihrem vorherigen Leben viele böse Taten begangen haben. Harijans werden verachtet und gemieden. Sie dürfen keinen sauberen Beruf ausüben, nicht mal ein Handwerk.

Ravis Familie gehört zur Kaste der Arbeiter und landlosen Bauern. Das ist zwar nichts Besonderes, aber trotzdem viel besser, als ein Harijan zu sein. Der Patron und die übrigen Landbesitzer sind Thakurs. Wer in einer Thakurfamilie zur Welt kommt, ist von Geburt an vornehm. Man kann die Kaste ein Leben lang nicht wechseln. Die Götter entscheiden, wer reich, arm, vornehm oder einfach lebt oder den bitteren Weg eines Harijans gehen muss.

Die Götter schicken aber auch Trockenheit und Überschwemmungen, Hunger, Seuchen, Feuersbrunst und anderes Leid. Ihr Zorn kann die Menschen auf viele Weise treffen.

Ravi läuft zum Brunnen und pumpt kräftig. Er wäscht sich Gesicht und Hände unter dem Wasserschwall. Wenn die Mutter noch nicht das Gheeflämmchen vor Shivas Bild entzündet hat, will Ravi es heute anstecken, damit der Gott ihm kein Unglück schickt.

Im Dorf riecht es jetzt nach Essen. Die Frauen kochen die Morgenmahlzeit. Auch die Mutter hat den Herd, der vor der Hütte steht, eingeheizt. Sie kocht Dhal aus roten Linsen. Der Vater hat den Herd aus Steinen und Lehm selber gebaut. Er brennt gut.

Zum Frühstück gibt es außer Linsenbrei noch Reis und ein Roti. Roti sind dünne Fladen aus Wasser und Gerstenmehl. Sie werden über dem Feuer gebacken und gehören zu jeder Mahlzeit.

Die Mutter stellt den Topf mit dem heißen Dhal und dem Reis, den sie hineingeschüttet hat, auf die Erde. Sie legt für jeden ein Roti daneben. Der Vater und Ravi hocken sich davor. Sie reißen Stücke von dem Fladenbrot ab und benutzen sie als eine Art Löffel. Sie wollen sich die Finger nicht verbrennen. Die Mutter muss warten, bis der Vater satt ist. Das ist so üblich. Für Frauen bleiben nur die Reste im Topf.

Zum Abschluss gibt es noch einen Becher Shai. Shai wird aus Teeblättern gekocht, zusammen mit Milch und Zucker. Der Kessel mit Shai steht den ganzen Tag auf dem Herd und wird warm gehalten.

Der Mutter geht es heute nicht gut. Es fällt ihr schwer, auf den Fersen zu hocken. Sie streicht sich über den Bauch. Es ist noch nicht zu sehen, dass sie ein Kind erwartet, aber sie hat schon ihre Last damit.

»Wir brauchen eine andere Liege«, sagt Ravi.

Der Vater runzelt die Stirn. »Was hast du an unserm Shaboi auszusetzen?«

»Es wackelt und knarrt. Die Juteseile hängen durch wie eine Affenschaukel.«

»Du musst ja nicht darauf schlafen«, antwortet der Vater und schlürft dabei weiter seinen Shai.

»Es ist auch zu klein, wenn das Baby kommt«, fährt Ravi fort. »Ich muss immer auf dem Boden liegen, auch wenn es regnet und die Hütte voll Wasser läuft.«

Darüber macht sich der Vater jetzt noch keine Sorgen. »Warten wir erst mal ab, bis das Kind da ist.«

Er denkt nicht gern Wochen oder gar Monate voraus. Jetzt trinkt er Shai und fühlt sich wohl. Gleich geht er in die Reisfelder zur Arbeit, und was danach kommt, wissen nur die Götter.

Die Mutter ist aufgestanden.

Sie räumt den leeren Topf weg. Das Frühstück ist beendet. »Hoffentlich wird es ein kräftiges Kind«, murmelt sie ohne jemanden anzusehen. »Ich will nicht, dass es wieder stirbt.«

»Kinder kommen und gehen«, sagt der Vater. »Da kann man nichts machen. Die Götter wollen es so.«

»Die Götter! Immer die Götter!«, ruft die Mutter heftig aus. Es klingt fast wie ein Schrei. »Kranke Kinder brauchen einen Doktor und Medizin. Dann werden sie groß.« Sie geht die paar Schritte zur Hütte.

Im Eingang dreht sie sich um. »Und genug zu essen brauchen sie auch.«

Ravi erinnert sich noch gut an seine Schwester. Sie war nicht viel jünger als er. In einem Winter wurde sie krank. Es kam kein Doktor. Sie ist eingeschlafen und nicht wieder aufgewacht. Die Mutter hat lange geweint und Ravi hat Angst bekommen, dass er auch eines Tages einschläft und nicht wieder aufwacht. Der Schlaf ist der kleine Bruder des Todes, heißt es.

Der Vater hat nicht geweint, nur immer wieder dasselbe gemurmelt: »Kinder kommen und gehen. Die Götter wollen es so.«

Im Jahr darauf hat die Mutter wieder ein Mädchen zur Welt gebracht. Sie hat sich gefreut und mit dem Kind gesprochen wie mit einem großen Mädchen. Denn sie war sicher, dass ihre Tochter nun wieder geboren worden war. Auch der Vater hat das geglaubt und alle andern in Radapur. Jeder ist gekommen und hat das Baby begrüßt, als sei es von einer langen Reise zurückgekehrt.

Aber auch diesmal hat die Schwester nicht lange gelebt.

Da wollte die Mutter keine Kinder mehr bekommen. Sie hat zu Shiva darum gebetet und auch zur Göttin Kali. Bestimmt ist die Mutter erhört worden. Denn mehrmals haben die Mangobäume seitdem geblüht und kein Baby ist gekommen. Doch in diesem Jahr ist die Mutter wieder schwanger.

Die Götter wollen es so.

»Komm jetzt«, sagt der Vater und steht auf. »Wir

müssen heute die Felder bewässern. Was ist bloß mit dem Wetter los? Die Zeit für den Monsun-Regen ist längst da. Immer ist der Regen mit zunehmendem Mond gekommen, solange ich zurückdenken kann. Aber in diesem Jahr?« Er blickt zum Himmel, räuspert sich und spuckt aus. Schon am frühen Morgen wabert die Hitze durch einen Dunstschleier von Staub.

Aus allen Hütten kommen Männer, Frauen, Jungen und größere Mädchen. Sie versammeln sich am Brunnen. Viele haben Eimer oder Blechwannen mitgebracht. Sie pumpen die Behälter voll Wasser, heben sie dann auf den Kopf und gehen damit zu den Bewässerungsgräben zwischen den Reisfeldern. Langsam gießen sie das Wasser dort aus. Männer mit Hacken sorgen dafür, dass sich kein Stau bildet und das Wasser gleichmäßig in der ausgedörrten Erde versickert. Den ganzen Tag tragen sie Eimer und Wannen auf dem Kopf, gießen Wasser aus, gehen zurück zum Brunnen, pumpen und gehen wieder zu den Gräben. Sie arbeiten ohne Hektik, aber unermüdlich. Nur selten legen sie eine Pause ein.

Wassertragen ist Frauenarbeit. Normalerweise kümmern sich die Männer um das Pflügen und Dreschen. Aber wenn der Reis zu vertrocknen droht, kann die alte Ordnung nicht eingehalten werden. Die Rispen mit den braunen Körnern sind noch nicht reif. Sie verkümmern in der Hitze und wachsen nicht weiter. Es gibt eine furchtbare Dürre, wenn der große Regen nicht bald einsetzt. Der greise Swami erzählt von Jahren, in denen der Monsun ganz ausgeblieben ist. Tausende sind damals verhungert.

Deshalb fassen heute auch die Männer mit an beim Wassertragen. Sie beklagen sich nicht, reden kaum miteinander. Solange der Himmel ihnen die Arbeit nicht abnimmt, werden sie weiter Eimer und Wannen auf dem Kopf balancieren. – Die Götter wollen es so.

Erst als es dämmert, stellen sie ihre Arbeit ein. Die Frauen zünden Feuer vor den Hütten an und kochen das Abendessen. Die Männer ruhen sich aus und rauchen Bidis, die kurzen handgedrehten Zigaretten.

Auch Ravi raucht manchmal. Wer arbeitet, ist dazu alt genug. Allerdings nur, wenn er keine Frau ist. Ravi hat Muskelkater in den Schultern und sein Rücken ist verkrampft. Er biegt und streckt sich, während er auf das Essen wartet. Dabei fällt sein Blick zufällig auf die große Feigenpappel. Der uralte Baum hebt sich dunkel gegen den Himmel ab. Aber irgendwas stimmt da nicht. Es ist verdächtig still in dem Blättergewirr. Ganz oben auf einem starken Ast sieht Ravi einen Schatten, der dort nicht hingehört.

Ravi erschrickt fürchterlich. Er will in die Hütte laufen, doch in dem Augenblick stellt die Mutter das Essen auf den Boden. Es gibt Reis mit einer scharfen Soße, dazu ein wenig Gemüse und für jeden ein Roti.

Der Vater macht sich sofort darüber her. Mit einem Stück Fladenbrot schaufelt er Reisberge aus dem Topf. Auch Ravi hockt sich dazu. Sein Hunger ist so groß, dass selbst der Schreck ihn nicht am Essen hindern kann. Mit gesenktem Blick sitzt er vor dem Topf.

Die Eltern bemerken seine Unruhe nicht. Sie essen schweigend. Der Tag war anstrengend. Was gibt es da noch zu reden?

Langsam steigt der Mond herauf. Die Glut im Herd glimmt nur noch schwach. Die Mutter scheuert den leeren Topf mit Sand und Asche aus. Dann geht sie in die Hütte und legt sich auf das Shabol. Auch Ravi erhebt sich aus der Hockstellung, in der er die ganze Zeit gesessen hat. Nun kann er sich doch nicht mehr bezähmen und wirft einen kurzen Blick zu dem Baum.

Der Schatten ist noch immer da, genau an derselben Stelle. Im Mondschein ist er deutlich zu erkennen. Der Schatten ist ein Aasgeier. Er wird die ganze Nacht dort sitzen bleiben.

Und das bedeutet Unglück.

3. Kapitel
Ein Unglücksbringer und seine Folgen

Vielleicht war es nur ein sterbender Hund. Mit diesem Gedanken wacht Ravi am anderen Morgen auf. Die Vögel singen wie immer. Ein gutes Zeichen. Der Aasgeier sitzt also nicht mehr auf der Feigenpappel.

Wenn ein Hund in der Nacht verendet ist, haben die Totenvögel ihn schon bis auf die Knochen abgenagt. Sie sind schnell und warten nicht. Sie kommen in

Scharen zum Leichenschmaus und verschwinden wieder lautlos.

Aber ein einzelner Geier? – Der greise Swami sieht in ihm einen Unglücksbringer oder eine Warnung der Götter, ein Omen, das seine Schatten vorauswirft.

Ravi steht schnell auf. Er will, noch bevor die Arbeit auf den Feldern beginnt, zu dem Dorfheiligen laufen und ihm erzählen, was er beobachtet hat. Da hört er einen Schrei und gleich darauf das laute Lamentieren einiger Frauen.

Der Vater, der sich meistens als letzter vom Shabol erhebt, zieht seinen Dhoti zurecht und eilt aus der Hütte. Ravi ist schon vor ihm draußen. Von überall rennen die Menschen zusammen.

Irgendwas ist am Brunnen vorgefallen. Die Frauen reden durcheinander. Einige fallen in einen klagenden Singsang und bedecken die Augen um das Unglück nicht zu sehen.

Auch die Mutter steht dort. In ihrem Gesicht spiegelt sich Angst, aber sie bleibt stumm. Sie wirkt, als habe sie sich abgesetzt von den anderen. In ihren Gedanken ist sie weit weg.

Noch bevor Ravi und der Vater an der Wasserstelle angekommen sind, wissen sie, was los ist. Jeder ruft es dem nächsten zu: »Die Pumpe fördert nur noch Schlamm nach oben. Es gibt kein Wasser mehr.«

Auch die Alten, die nur noch schlurfen können, schleppen sich zum Brunnen. Kinder weinen, weil sie die Angst der Eltern spüren. Eine Frau schreit: »Ich habe Durst. Soll ich etwa jeden Tropfen Wasser von der Landstraße herbeischleppen? Ich kann nicht mehr so weit laufen. Nein, nein, ich kann es nicht!«

Ihr Mann schlägt sie, damit sie aufhört. Es ist die Hilflosigkeit, die ihn grausam macht.

»Wir müssen den Brunnenschacht tiefer ausheben«, sagt der älteste Bruder von Gulab. »Lasst uns gleich damit anfangen und so lange graben, bis wir wieder auf Wasser stoßen. Worauf warten wir noch?«

Datta, ein etwa dreißigjähriger Mann, dessen Rücken krumm geworden ist in den harten Jahren, antwortet: »Das kann lange dauern. Bis sich das Wasser wieder sammelt, sind die Felder verdorrt.«

Er hat das gar nicht besonders laut gesagt, aber alle haben ihn verstanden, weil sie dasselbe denken, weil sie wissen, dass es stimmt. Das Entsetzen lässt die Leute verstummen. Sie können das Verhängnis nicht abwenden. Nur die Götter können das.

Ravi blickt zum Himmel. Keine Wolke ist zu sehen. Es wird heute genauso heiß werden wie gestern und vorgestern, so heiß und trocken, wie es schon seit vielen Wochen ist. Der Aasgeier hat das Unglück angekündigt.

Die Mutter löst sich als erste. Sie hebt den leeren Wasserkrug auf den Kopf und geht zur Hütte zurück.

Auch die anderen Frauen bleiben nicht länger am Brunnen stehen. Sie machen sich gemeinsam auf den langen Weg zu dem Marktflecken an der Landstraße. Dort gibt es eine elektrische Pumpe und der Brunnen ist tiefer als der in Radapur. Bis der Monsun den Wasserspiegel wieder steigen lässt, werden sie jeden Tag fünf Kilometer hin und fünf Kilometer zurück durch die pralle Sonne wandern. Wasserholen ist nun mal Frauenarbeit.

Warum geht die Mutter nicht mit? Will sie etwa kein Wasser holen? Was soll das bedeuten? Ravi läuft zur Hütte um zu sehen, was los ist.

Die Mutter stellt die drei Blechtassen, den Reistopf und die Pfanne ineinander. Sie packt die wenigen Vorräte dazu und wickelt alles in ihre Schlafdecke ein. Dann nimmt sie einen faserigen Jutestrick, der an der Wand hängt, und schnürt damit das Bündel zusammen.

»Was machst du da?«, fragt Ravi verwundert.

Die Mutter antwortet nicht. Sie schnürt weiter ohne aufzusehen.

Der Vater kommt. Abrupt bleibt er in der Türöffnung stehen. In seinem Gesicht spiegelt sich Verblüffung, dann Ärger und schließlich Fassungslosigkeit. Er fährt sich mit der Zunge über die trockenen Lippen. Ein Hustenanfall schüttelt ihn. Als seine Kehle wieder frei ist, hockt er sich auf den Boden, den Kopf tief zwischen die Schultern gezogen. Wie ein kranker Habicht sieht er aus, der keine Kraft mehr in den Flügeln hat. So kennt Ravi den Vater nicht. Das macht ihm Angst.

Die Mutter hat unbeirrt weitergepackt. Nun ist sie fertig. Sie setzt sich auf die Liege und wartet, dass der Vater eine Entscheidung trifft. Sie hat ihm ihre Entschlossenheit gezeigt. Mehr kann sie nicht tun. Sie muss ihrem Ehemann folgen ohne Widerrede, egal, was er von ihr verlangt, egal, wozu er sich entschließt. Sie selber darf keine Entscheidung treffen.

Ravi wird immer unruhiger. Kein Wasser mehr im Brunnen, die Mutter benimmt sich komisch und der Vater redet nicht, hockt nur krumm da. Das wird ja immer schlimmer.

Schließlich kommt der Vater schwerfällig auf die Beine. Die Unsicherheit weicht aus seinem Blick. »Vielleicht ist es wirklich ein Zeichen der Götter. Wir müssen es nur richtig deuten«, murmelt er vor sich hin.

Dann stemmt er die Hände ins Kreuz. »Ob wir hier oder woanders verhungern, den Patron kümmert das nicht. Verrecken können wir auch ohne ihn.« Er tritt gegen die Wand. »Vielleicht will einer diesen Stall hier haben oder das Shabol zu Brennholz zerschlagen. Ich baue eine neue Hütte an einem besseren Platz. Nein, ich baue ein Haus. Ein richtiges Haus! Ich will leben wie ein Mensch und wohnen wie ein Mensch.«

Er stürzt nach draußen, von seinen eigenen Worten ermutigt und gleichzeitig erschreckt.

»Heißt das, wir gehen fort?«, fragt Ravi.

Die Mutter lächelt. »Ja, es gibt wieder ein Hungerjahr. Wir müssen gehen.« Ravi sieht Tränen über ihr Gesicht laufen. Sie lächelt und weint. Trotz ihrer Entschlossenheit hat sie Angst.

Da rennt auch Ravi hinaus ohne zu überlegen, wohin. Als er unter der Feigenpappel steht, weiß er gar nicht, was er hier will. Abschied nehmen von dem Baum und den Vögeln? Ravi macht den Ruf der grünen Papageien nach, lockt sie wie so oft. Aber die Papageien bleiben auf den Ästen sitzen. Sie gucken ihn nur an und trippeln hin und her. Ravi ist viel zu aufgeregt. Die Vögel spüren seine Unruhe und ängstigen sich. Das macht ihn noch hilfloser.

Langsam, mit hängendem Kopf, geht er zu den Hütten zurück. Vor einer zögert er. Sie ist besonders klein und hat ein Loch im Dach. »Baba?«

»Komm nur herein.« Der greise Swami sitzt mit verschränkten Beinen am Boden. Seine eigentümlich hellen Augen heften sich auf den verstörten Jungen. »Ich habe es schon gehört«, sagte er. »Worüber regst du dich auf?«

Ravi setzt sich dem alten Mann gegenüber. »Ein Geier, gestern Abend saß ein Aasgeier in dem großen Baum. Das bringt doch Unglück.«

»Sicher. Das Unglück ist schon da. Der Brunnen ist leer.«

»Hast du das Biest auch gesehen?«, fragt Ravi. Er senkt die Stimme, als erwähne er etwas, worüber man nicht spricht.

Der Swami verzieht das Gesicht zu einer lustigen Grimasse. »Ach, weißt du, auf meine Augen ist kein Verlass mehr. Die haben sich das Sehen weitgehend abgewöhnt. Aber ich habe den Geier gespürt. Warum nimmst du das Omen nicht mit Gelassenheit?«

Ravi schluckt, dann bricht es aus ihm heraus: »Die Mutter will . . . wir gehen fort!«

»Welch eine Neuigkeit! In jeder Hütte reden sie im Augenblick von nichts anderem. Hörst du den Wasserbüffel brüllen, die Ziege meckern, die Hühner gackern? Alle wissen es schon. Na, und ich auch.«

Die ruhige Stimme des Heiligen besänftigt Ravi ein wenig. Er rückt näher. »Was meinst du, ob wir reich werden, Baba? Du kannst doch in die Zukunft sehen.«

Der Swami lacht. »Ich habe noch nie gehört, dass ein Landarbeiter in Delhi goldene Früchte geerntet hätte. Aber kann er das etwa auf dem Acker des Großgrundbesitzers?«

Ravi hätte lieber etwas anderes gehört, aber er traut sich nicht noch einmal zu fragen. Der Swami redet oft in Rätseln.

»Also, was soll die Aufregung?«, fährt er fort. »Hab Vertrauen zu den Göttern, ruf sie an, opfere ihnen, wie ich es dir beigebracht habe. Und wenn trotzdem nicht alles so verläuft, wie du es dir wünschst, dann erinnere dich, dass weder Glück noch Unglück, weder Freude noch Krankheit ohne Grund über dich kommen. Du weißt doch, wenn du in deinem vergangenen Leben Schuld auf dich geladen hast, musst du sie in diesem Leben abtragen durch Leid. Das nennen wir Karma. Niemand kann seinem Karma entkommen. Hab ich dir das nicht oft genug gesagt?«

»Ach, Baba, ja! Du hast mir immer wieder das Karma erklärt. Trotzdem habe ich Angst.«

Der alte Mann nimmt Ravis Hände zwischen seine knotigen Finger und drückt sie liebevoll. »Jede Kreatur auf Erden hat Angst«, sagt er. »Deine Angst ist nur eine unter Milliarden anderer Ängste. Sie wird vergehen und sie wird wiederkommen. Solange du lebst, ist dieses Auf und Ab in dir. Aber niemals bleibt die Angst in dir stecken, so groß sie auch sein mag. Sie strömt immer nur durch dich hindurch. Das ist die Gnade der Götter.

Er richtet sich ein wenig auf. »So, nun gib mir mal die Schale, die da drüben steht.« Ravi reicht ihm ein kleines Gefäß mit rotem Pulver, das vor einem Schrein mit Götterbildern seinen Platz hat.

Der Swami murmelt Gebete. Er bittet um Schutz für Ravi. Dann tupft er einen Finger in das rote Pulver und macht Ravi ein Zeichen auf die Stirn. Es ist seine Art, den Jungen zu segnen.

Ravi bedankt sich bei dem alten Mann. Er legt die Handflächen vor der Brust zusammen und verneigt sich, bis seine Stirn den Boden berührt.

Die Worte und der Segen geben Ravi Kraft. Er fühlt sich jetzt besser. Mit dem Zeichen des Swami auf der Stirn kann er leichter Abschied nehmen von Radapur, von den Verwandten, den Freunden und all den Plätzen, die ihm etwas bedeuten. Fortgehen ist beunruhigend und wunderbar zugleich. Auf jeden Fall schrecklich aufregend.

Für das Shaboi erhält der Vater ein paar Rupien. Die Hütte will niemand haben. Nun werden sich die Schlangen darin einnisten. Die Affen zerrupfen das Dach. Die Wände brechen ein und werden wieder zu Erde.

Alle Verwandten kommen und geben gute Ratschläge. Die Nachbarn reden davon, dass sie auch weggehen wollen. »Vielleicht morgen oder übermorgen«, sagen sie.

Ravi weiß, dass jeder von der Stadt träumt, als wäre sie das Paradies. Doch er weiß genauso wie die andern, dass die Stadt kein Paradies ist. Auch dort gibt es Arme, sogar Obdachlose, die nicht einmal eine Lehmhütte haben. Auch dort gibt es Reiche, die die Armen ausbeuten. Man hört so vieles, selbst in einem abgelegenen Dorf.

Aber da sind die Wünsche, die vielen Wünsche, die sich ein landloser Bauer nie erfüllen kann, sosehr er auch schuftet für seinen Patron. Die Stadt dagegen bietet eine Menge Möglichkeiten, Geld zu verdienen. Man muss nur gewitzt sein und Glück haben.

Man muss an das Glück glauben. Ravi glaubt ganz fest daran.

Als es fast Mittag ist, gehen die Eltern und Rafi los. Sie haben an diesem Tag nur ein bisschen Reis gegessen und Pan gekaut. Pan ist eine Mischung aus einer roten und weißen Paste mit kleinen Stückchen der Betelnuss, eingewickelt in grüne Blätter. Das schmeckt scharf und nimmt das Hungergefühl.

Der Vater hat sich ein Handtuch um die Stirn gewickelt, als Schutz vor der grellen Sonne. Die Mutter trägt das Bündel mit den Hausgeräten auf dem Kopf. Für Ravi bleibt der Rest, eine zusammengerollte Decke und seine Matte, das Bild von Shiva sowie eine Dose Ghee. Ghee ist Butterfett. Man kann es essen oder den Göttern opfern.

Ravi schaut sich noch einmal um. Die Hütte ist jetzt leer. Ein Nachbar hat das Shabol abgeholt. Mit einem Schlag empfindet Ravi das, was eben noch sein Zuhause war, nur noch als erbärmlich. Bisher war ihm gar nicht aufgefallen, wie bröckelig die Wände sind und wie tief das Dach durchhängt. Er hat es einfach hingenommen. Erst der Traum von einer besseren Zukunft hat ihm die Augen geöffnet.

Der Weg durch die Felder ist glühend heiß, die Erde rissig. Ravi und die Mutter gehen barfuß. Der Vater trägt Gummisandalen. Er raucht Bidis. Fast seinen ganzen Vorrat an Zigaretten hat er an diesem Vormittag verbraucht.

Ravi schwirrt der Kopf. Er kann einfach keinen klaren Gedanken fassen. Er ist so aufgeregt, so durcheinander, dass er nicht einmal weiß, ob er fröhlich oder traurig ist. Noch sind die vertrauten Geräusche aus dem Dorf zu hören. Die Papageien jibbeln. Der greise Swami schlägt einen hellen Gong und eine Schar Kinder läuft hinter ihnen her.

»Schickt mal einen Brief«, schreit Gulab, schon weit entfernt. Nur der Wind bringt seine Worte noch herüber.

Natürlich, Gulab, dieser Angeber! Immer muss er das letzte Wort haben. Wirklich immer!

Am liebsten möchte Ravi zurücklaufen und Gulab verprügeln. Er fühlt, wie ihm vor Wut die Tränen in die Augen schießen. Aber vielleicht haben die Tränen auch einen anderen Grund.

4. Kapitel
Ein Straßenmonster mit Götteraugen

Als sie die Straße erreichen, scheint das Leben dort ausgestorben zu sein. Die Händler dösen im Schatten neben den Karren und Bretterbuden, die sie als Läden hergerichtet haben.

Niemand ist unterwegs in dieser Mittagsglut. Auf der Fahrbahn liegt eine sterbende Katze.

Der Vater hat keine Pause geduldet, seit sie Radapur verlassen haben. Das letzte Stück japst er hörbar nach Luft und wischt sich immer wieder mit den Ärmeln den Schweiß vom Gesicht. Er macht erst Halt an der elektrischen Wasserpumpe. Zur Erfrischung stellt er sich mit Kleidern unter den Wasserstrahl, trinkt und badet gleichzeitig.

Danach ist Ravi an der Reihe und zuletzt die Mutter. Ihr Sari, das Wickelgewand, das alle verheirateten Inderinnen tragen, klebt an ihrem Körper. Und nun erkennt Ravi doch, dass sie ein Kind erwartet. Ob es auch diesmal wieder ein Mädchen wird? Die kleine Schwester, die leben will?

Nicht weit von der Pumpe wächst ein Bambusstrauch. Er ist hoch und dicht. In seinem Schatten ruht eine Kuh. Ihr Fell hat die Farbe der ausgedörrten Erde. Die Mutter legt ihr Bündel dort ab. Ravi packt seins dazu. Dann hockt er sich neben den Vater, der schon einen bequemen Platz gefunden hat. Die Kuh kümmert das nicht. Sie dreht nicht einmal den Kopf zu den Menschen, die sich neben ihr niedergelassen haben.

Die Mutter sammelt Reisig und trockene Blätter zusammen. Von der Straße kratzt sie Kuhdung ab. Mist brennt besonders gleichmäßig. Es gelingt ihr auch, ohne Herd Roti zu backen.

Der Duft der frischen Gerstenfladen lockt eine Bettlerin an. Sie schlurft auf Krücken herbei und hinterlässt eine Schleifspur im Staub. Ihre Finger und Zehen sind abgefallen. Sie hat Lepra. Neben dem Feuer bleibt sie stehen und stößt heisere Laute aus, die nicht zu verstehen sind. Hungerlaute.

Die Mutter gibt ihr ein Stück Roti.

Die Bettlerin rutscht an ihren Krücken abwärts auf den Boden. Dann fasst sie das Fladenbrot mit ihren Handstümpfen und mümmelt es in sich hinein. Sie hat auch keine Zähne mehr. Das Essen dauert lange bei ihr, aber sie ist geduldig und nimmt sich Zeit. In diesem Leben hat sie nichts mehr zu versäumen.

Das Feuer erlischt von alleine. Die Nachmittagshitze lähmt alles Lebendige, auch die Gedanken. Im Schatten des Bambusstrauches bewegt sich niemand mehr. Selbst die Geräusche verstummen. Erst als die Schatten länger werden, löst sich die Erstarrung allmählich. Ein leises Rascheln in den Blättern, Streifenhörnchen wieseln im Gebüsch abwärts. Ein Geier hat die Katze gefunden, ein zweiter fliegt herab, ein dritter. Die Kuh steht auf und trottet unbeirrt neben den Totenvögeln über die Straße. – Das Leben geht weiter.

Die Bettlerin gähnt. Dann zeigt sie mit ihren Handstümpfen auf das Gepäck und murmelt Unverständliches. Man kann nur ahnen, was sie meint.

»Delhi«, antwortet die Mutter kurz.

Das findet die kranke Frau komisch. Sie kichert. Speichel läuft ihr über das Kinn. »Ratten«, stößt sie hervor und kichert noch mehr. »Dürre macht Ratten fett.« Sie fuchtelt mit den Armen in der Luft herum. »Pah, Delhi! Ratten, Ratten.« Plötzlich kreischt sie auf, dass Ravi zusammenzuckt. »Und Geier! – M'nschengeier.«

Ravi rückt ein Stück von ihr weg. Die Frau ist ihm unheimlich. Er blickt in ihr eingefallenes Gesicht, das die Krankheit entstellt hat. Wahrscheinlich ist sie wirr im Kopf, denkt er.

Nach dem plötzlichen Gefühlsausbruch wird sie wieder ernst und sagt erstaunlich klar: »Übermorgen fährt d' Bus nach Delhi. Ihr seid z' früh dran. Heute ist 'n Dienstag.« Ravi merkt, dass sie Bescheid weiß. So ganz verwirrt kann sie nicht sein. Aber sie lässt das Kichern nicht.

»Geh!«, sagt der Vater. Seine Stimme klingt scharf, Ravi sieht ihm an, dass er sich ärgert.

Sie stemmt ihre Krücken in die Seite und kommt mühselig hoch. Wieder hinterlassen ihre Füße Schleifspuren. Als sie schon ein Stück fort ist, dreht sie sich noch einmal um und kichert. Ravi hört es gar nicht mehr, er sieht nur diese Grimasse des Grauens in ihrem Gesicht. Eingesunken hängt sie auf ihren Stöcken, ein Bündel Mensch, das von Lumpen zusammengehalten wird.

Ein Geier fliegt mit trägem Flügelschlag über sie

hinweg. Die zwei andern ziehen einen Kreis am Himmel und entfernen sich dann. Auch die Leprakranke verschwindet endlich zwischen den Buden der Händler. Ravi atmet auf.

Ob die Eltern in all der Aufregung daran gedacht haben, dass der Bus nach Delhi nur einmal in der Woche hier vorbeikommt? Ravi traut sich nicht zu fragen. Der Vater guckt grimmig. Er steckt eine Bidi an und krümmt sich unter einem Hustenanfall.

Ravi schlendert zur Wasserstelle hinüber. Auch hier ist wieder Leben zu spüren. Frauen und junge Mädchen kommen mit flachen Schalen voll Wäsche. Die Kuh hat sich auch eingefunden. Sie schlürft Wasser auf, das sich in einer Pfütze neben der Pumpe sammelt. Niemand verscheucht sie.

Ein Lastwagen hält an. Seine Bremsen quietschen noch schriller als die unzähligen Grillen, die bei so viel Hitze gar nicht mehr aufhören können zu zirpen.

Der Lastwagen ist bunt bemalt und mit glitzernden Girlanden behängt. Neben den Scheinwerfern sind zwei große Augen auf das Blech gemalt, es sollen die Augen Shivas sein. Götteraugen sehen mehr als Scheinwerfer.

Die Kotflügel sind verschrammt. Ein Götterauge hat eine Beule abbekommen. Die Windschutzscheibe ist von Rissen übersät, die Ravi an ein riesiges Spinnennetz erinnern. Der Lastwagen sieht nach Abenteuer aus, nach Irrfahrten, Unfällen und weiter Ferne.

Ravi hat bisher nur sein Dorf kennen gelernt und diesen Marktflecken. Er ist noch nie mit einem Auto gefahren, auch nicht mit einem Bus oder mit der Eisenbahn. Deshalb ist so ein Straßenmonster für ihn etwas ganz Aufregendes. Er läuft um den Laster herum, boxt gegen die Reifen, schnuppert Benzingeruch ein und hat ganz verwegene Gedanken dabei. Lastwagenfahrer ist der tollste Beruf, den er sich vorstellen kann.

Ravi guckt zu dem Mann hin, der diesen tollen Beruf hat. Der Vater steht bei ihm. Sie reden miteinander. Jetzt bietet der Vater ihm sogar seine letzte Zigarette an. Er winkt einen Jungen herbei, der Shai verkauft. Es ist der Vetter von Gulab. Der Vater nimmt ihm zwei Gläser ab, eins für sich und das andere für den Lastwagenfahrer.

Das macht Ravi neugierig. Er läuft zu den beiden Männern und will mithören, worüber sie sich unterhalten. Aber das einzige, was er aufschnappt, ist: »Meerut.«

Der Vater macht eine schlenkernde Bewegung mit dem Kopf. Das bedeutet, er ist einverstanden. Aber womit?

Meerut ist der Name einer Stadt, nicht allzu weit entfernt von Radapur. In einem Tag kann man zu Fuß hinlaufen, wenn man sich anstrengt. Gulab ist einmal mit seinem Vater und seinem großen Bruder nach Meerut gewandert zu einer Familienfeier von entfernten Verwandten. Gulab hat danach angegeben, als sei er von einer Weltreise zurückgekehrt.

»Hol das Gepäck«, sagt der Vater zu Ravi. »Na, mach schon, worauf wartest du noch?«

Bedeutet das Aufbruch? Sie bleiben also gar nicht

hier sitzen bis übermorgen oder wann der nächste Bus vorbeikommt. Der Lastwagenfahrer nimmt sie mit.

Ravi rennt zur Mutter um ihr diese aufregende Neuigkeit mitzuteilen. Sie hat das Gespräch der beiden Männer aus der Ferne beobachtet. Nun ist sie aufgestanden und klopft den Staub aus ihrem Sari.

»Wir fahren mit dem da!«, schreit Ravi. »Komm schnell!«

Tatsächlich scheint es der Fahrer eilig zu haben. Er hat seinen Shai schon ausgetrunken und die Zigarette zu Ende geraucht. Nun schwingt er sich wieder hinter das Lenkrad. Auch der Vater klettert in das hohe Führerhaus. Es sieht akrobatisch aus, wie er da hinaufhangelt. Der Motor dröhnt und eine schwarze Wolke schießt aus dem Auspuffrohr. Ravi und die Mutter schnappen sich das Gepäck und laufen.

Sie wissen beide nicht, wie sie einsteigen sollen. Das Trittbrett ist hoch und sie haben die Hände nicht frei.

Der Vater beugt sich hinaus und nimmt der Mutter das Bündel ab. Dann reicht er ihr die Hand und zieht kräftig. Aber sie hat trotzdem noch Schwierigkeiten. Im Sari kann man nicht gut klettern.

Der Fahrer lacht über ihre Ungeschicklichkeit. Er lässt den Motor aufheulen. Der schwere Wagen vibriert. Jeden Augenblick kann er losrollen. Ravi packt das Entsetzen. Er hat Angst, nicht mitzukommen. Die eingerollte Decke behindert ihn. Er schleudert sie nach oben, aber sie rutscht auseinander und fällt zurück. Shivas Bild knallt auf die Straße. Die Dose mit dem Ghee kann Ravi gerade noch auffangen. Er wirft sich die Decke über eine Schulter und greift mit der freien Hand nach der offenen Autotür. Die Mutter langt nach seinem Arm, zieht und zerrt mit aller Kraft. Endlich! Ravi sitzt im Lastwagen.

Es ist entsetzlich eng zwischen den Eltern und dem Wirrwarr loser Gepäckstücke. Dann ist da auch noch der Arm des Fernfahrers, der die Autotür heranholt und zuschlägt. Die Bremsen lösen sich mit einem Laut, der in den Ohren schmerzt. Der Laster rumpelt los. Aber nun hat Ravi sich einen Platz am offenen Fenster erobert. Er streckt den Kopf hinaus und schaut zurück. Die Frauen an der Pumpe winken. Die Kuh beugt sich über etwas, das am Boden liegt. Es ist das zerbrochene Bild von Shiva.

Da dreht Ravi schnell den Kopf weg. Er will nur noch nach vorne schauen.

Es ist unerträglich heiß im Laster. Der Fahrtwind bringt keine Kühlung. Sie werden gerüttelt und gestoßen. Die Straße ist übersät mit Steinen, Schlaglöchern und Geröll. Außerdem muss der Fahrer dauernd ausweichen. Er überholt ein Ochsengespann und gleich darauf eine Herde Wasserbüffel, einmal sogar einen Elefanten, der noch aus der Zeit stammt, als auf indischen Straßen ein Auto so viel Aufsehen erregte wie er heute.

Andere Lastwagen kommen ihnen entgegen. Sie sind genauso bunt, genauso groß und verbeult. Die Straßenmonster hupen sich an, aber keiner verlangsamt das Tempo. Sie ziehen so dicht aneinander vorbei, dass Ravi manchmal mit der Hand den anderen Wagen berühren könnte. Diese Angeberei scheint oft zu Unfällen zu führen. Ravi hat schon fünf Autos gezählt, die umgekippt oder zusammengebrochen am Straßenrand lagen.

Dann rennt ein Pfau hinter einem Busch hervor. Der Fahrer kann nicht mehr bremsen. Ravi, der Vogelmensch, stöhnt auf. Man darf nicht töten! Jedes Lebewesen ist den Göttern heilig. In wilden Sprüngen stürzt der Pfau zur Seite. Er duckt sich und der Wagen rollt an ihm vorbei.

Noch nie im Leben war ein Tag so aufregend für Ravi. Sein Herz klopft bis in den Backenzahn, der schon lange ein Loch hat.

Der Verkehr wird immer dichter, die Hindernisse auf den Straßen sind unvorstellbar. Motorroller, auf denen sich drei, manchmal vier Personen aneinanderklammern, Frauen mit unförmigen Lasten auf dem Kopf, Männer, die überladene Fahrräder schieben, dazwischen Busse, Ziegen, Schweine, Soldaten mit Gewehren und Patronengurten behangen, ein Heer von Rikshas neben Kamelen, Kindern, Händlern mit zweirädrigen Karren voller Gemüse – ein unübersehbares Gewimmel. Das sind die Außenbezirke von Meerut. Der Lastwagen kommt nur noch ruckweise weiter. Meter um Meter hupt er sich den Weg frei.

Ravi hört und sieht von all dem nichts mehr. Der Schlaf hat ihn übermannt.

Irgendwann hält der Lastwagen. Es ist bereits dunkel geworden. Ravi wird gepackt, geschüttelt und auf die Beine gestellt. Er macht die Augen auf und gleich wieder zu. Er kann auch im Stehen schlafen.

Aber hier darf niemand schlafen, weder im Stehen noch im Liegen. Der Lastwagen parkt auf einem Fabrikgelände und wird bereits entladen.

»Los, los! Schnell weg, bevor der Chef kommt. Ich will keinen Ärger!« Der Mann, der sie mitgenommen hat, weist ungeduldig mit dem Kopf zur Straße.

Der Vater zerrt Ravi mit sich fort. Die Mutter hält sich dicht hinter ihnen. Das ist gar nicht einfach zwischen den vielen Menschen, die überall sitzen, stehen, laufen, kochen, schlafen, betteln oder selbst in der Dunkelheit noch schnell etwas verkaufen wollen.

»Wohin gehen wir eigentlich?«, fragt Ravi schlaftrunken.

Der Vater antwortet nicht, aber offensichtlich hat er ein bestimmtes Ziel. Er spricht Leute an, biegt von einer Straße in die nächste, fragt wieder, läuft weiter. So geht das wohl eine Stunde oder länger. Dann erreichen sie einen Platz, auf dem mehrere Busse parken. Zwischen den abgestellten Fahrzeugen sitzen und liegen Reisende zwischen Gepäckbergen auf dem Pflaster. Dicht daneben wühlen Hunde in säuerlich riechenden Abfallhaufen und scheuchen Fliegenschwärme auf. Ein Mann hat sich auf dem Sitz seiner Fahrradriksha ausgestreckt. Die Füße hängen über dem Lenker. Bequem ist das bestimmt nicht, aber so kann er sicher sein, dass niemand seine Riksha entführt, während er schläft.

Endlich bleibt der Vater stehen. »Von hier fahren die Busse nach Delhi ab«, sagt er, »gleich morgen früh.«

»Bis morgen dauert es aber noch lange«, mault Ravi. »Sollen wir etwa auf der Straße schlafen?«

Die Mutter stöhnt. Ihr Gesicht ist verkrampft von den Strapazen. »Ich muss etwas trinken. Mir ist ganz elend vor Durst.«

Der Vater deutet mit der Hand an, dass sie das Gepäck ablegen soll. Sie hebt das Bündel vom Kopf. Der Vater nimmt Ravis Decke, die sich die Mutter noch zusätzlich aufgebürdet hatte. Er breitet sie auf dem Pflaster aus, das trotz der Dunkelheit noch immer Sonnenglut abstrahlt.

»Ruht euch aus. Heute Nacht bleiben wir hier«, ordnet er an. »Die Leute warten alle schon auf den ersten Bus in der Frühe. Aber morgen erreichen wir Delhi. Und dann wird alles besser.«

Er zieht den Wasserkrug aus dem Gepäck und geht los, um eine Pumpe zu suchen, obwohl Wasserholen Frauensache ist.

Die Mutter lächelt dankbar. Vielleicht wird wirklich alles besser in der reichen Stadt.

5. Kapitel
Endstation Bahnhof

Ravi staunt, wie viele Menschen in aller Frühe nach Delhi fahren. Was wollen die dort bloß? Es wird gerade erst hell, aber an der Haltestelle ist schon ein wildes Geschrei, Geschiebe und Gedrängel im Gange. Die Menschen stürmen den Bus. Ravi stürmt mit und ergattert einen ganzen Platz für die Eltern, für sich und das Gepäck. Es ist zum Ersticken eng, aber dafür nicht so gefährlich, wie draußen am Bus zu hängen oder auf dem Dach zu liegen.

Der Schaffner kommt. Er wühlt sich mit schlangenartigen Verrenkungen durch den hoffnungslos überfüllten Bus und kassiert den Fahrpreis. »Wie weit?«, fragt er.

»Wie weit?« Der Vater guckt den Schaffner unsicher an. »Fährt der Bus denn nicht nach Delhi?«

»Ja, doch! Aber wohin wollt ihr genau? Alt-Delhi, Neu-Delhi? Es gibt vierzehn Haltestellen bis zur Endstation.« Der Vater überlegt. »Wo ist es denn wohl am besten für uns?«, fragt er.

Der Schaffner wird kein bisschen ungeduldig. Wer so unsicher ist, fährt zum ersten Mal in die Großstadt, stellt er richtig fest. Und wer noch dazu seinen gesamten Haushalt bei sich trägt, gehört zu denen, die nichts mehr zu verlieren haben. »Na, dann am besten bis zum Bahnhof in Neu-Delhi«, schlägt er vor. »Dort ist Endstation für den Bus und für viele von euch.«

Der Vater versteht die Anspielung nicht. Der Bahnhof scheint ihm ein guter Platz zu sein. Vielleicht steht Ashok mit seiner Riksha dort und wartet auf Reisende.

Erleichtert stimmt er zu. »Dreimal Endstation Bahnhof.«

Nicht nur Reisende sind früh auf den Beinen, auch Händler versuchen schon um diese Zeit ein paar Rupien für das eigene Frühstück zu verdienen. Sie schlendern mit ihren Waren vor den Busfenstern auf und ab. Ihre singenden Rufe verschmelzen zu einer seltsamen Melodie:

»Shai, Shai! – Reis, frisch und billig, Reis! – Pan, Pan, Paaaan! – Gelbe, grüne, rote Limonade! Limolimolimonade! Shai, Reis, Shai ...«

Ravi denkt an die Vögel in Radapur. Jeder hatte seinen eigenen Ruf. Aber zusammen waren sie ein Chor. Bei den Straßenhändlern ist es ähnlich.

Der Vater kauft für fünf Rupien Reis. Der Händler langt mit den Fingern in seinen Topf und häuft eine kleine Portion auf zusammengelegte Blätter. Darüber verteilt er einen Löffel Chilisoße. Teller sind viel zu unpraktisch. Sie kosten Geld und müssen gespült werden. Blätter wirft der Kunde nach Gebrauch einfach in den Bus oder auf die Straße. Alle machen es so. Niemand stört sich daran.

Ravi verschlingt seine Portion heißhungrig. Er könnte dreimal so viel verdrücken und wäre noch nicht satt. Aber das ist nichts Neues für ihn. Wie oft hat er schon Hunger gehabt und ist bei den Mahlzeiten nicht satt geworden. Jetzt hält er das auch noch aus. In Delhi wird alles besser, hat der Vater gesagt.

Wenn diese Klapperkiste bloß endlich abführe! Sie ist längst total überfüllt. Der Einzige, der noch fehlt, ist der Busfahrer.

Aber irgendwann trifft auch der ein und es geht wirklich los. Der Bus rumpelt und schüttelt noch mehr als der Lastwagen. Öfter ist ein Zwischenstopp notwendig, damit der Fahrer Kühlwasser nachgießen kann, manchmal auch Öl. An einer längeren Steigung fängt der Motor an zu rasseln, lauter und lauter, bis er mit einem Seufzer aufgibt.

Der Busfahrer verzieht keine Miene. Pannen gibt es jeden Tag. Dabei ist er längst zum Mechaniker geworden. Mit einem verbogenen Schraubenschlüssel kriecht er unter den Bus, hämmert, schraubt, flucht. Schließlich kommt er ölverschmiert wieder zum Vorschein, steigt ein und startet. Der Motor spuckt und bockt, aber der Mechaniker-Fahrer bringt ihn doch wieder auf Touren. Die Fahrt geht weiter.

Ravi guckt aus dem Fenster. Er sieht Ansammlungen von Lehmhütten. Sie gleichen alle Radapur. Er sieht ausgetrocknete Felder und Vogelschwärme, die darüber ihre Kreise ziehen. Auch heute ist der Himmel wolkenlos.

Und Ravi sieht überall Menschen. Er wundert sich, dass es so viele sind. Gestern in Meerut hat er noch gedacht, sie feierten dort ein Fest in den Straßen und seien deshalb so zahlreich unterwegs. Aber auch jetzt wimmelt es, wohin er schaut.

Lastenträger, Ochsentreiber und Händler. Ein Schlangenbeschwörer spielt auf einer Flöte. Ein Schneider sitzt vor seiner Nähmaschine unter einem Straßenbaum. Neben ihm wartet der Friseur auf Kunden. Sein »Salon« beschränkt sich auf einen Klapphocker und einen Kasten, aus dem Handspiegel, Kamm, Schere und ein Rasiermesser herausschauen. Dann die vielen anderen Handwerker in offenen Ständen und überall Frauen in leuchtenden Saris. Auch ein Zahnarzt ist da. Er behandelt gerade einen Patienten. Eine Traube von Neugierigen verfolgt jede Reaktion des Gepeinigten. Wenige Schritte daneben balgen sich nackte Kinder auf einem Müllhaufen.

»Wo kommen die nur alle her?«, fragt Ravi den Vater. »Hast du gewusst, dass es so viele Menschen gibt?«

»Nein«, der Vater ist selbst ganz erstaunt. »So viele? Nein, wirklich nicht«, murmelt er. »In einer alten Geschichte heißt es: Der Himmel lässt für alle hungrigen Mäuler Reiskörner wachsen. Aber in manchen Zeiten stimmen die alten Geschichten nicht.«

»Meinst du, dass jetzt so ein Jahr ist, weil der Regen nicht kommt?«, fragt Ravi und beobachtet den Ausdruck im Gesicht des Vaters.

»Auf jeden Fall gibt es zu viele Menschen und zu wenig Nahrung«, weicht der Vater aus. Ein Hustenanfall beendet das Gespräch.

Da schaltet sich die Mutter ein. »Unsinn! Schaut doch nur aus dem Fenster. Ja, habt ihr denn keine Augen im Kopf? Die Händler bieten Berge von Gemüse an, Tomaten, Topinambur, Pfefferschoten, Kartoffeln. Und da! Säcke voll Reis, voll Weizen, daneben die gemahlenen Gewürze. Die alten Geschichten stimmen immer noch. Wir werden wunderbar in Delhi leben können. Seht nur, frisch geschlachtete Hühner, und so viele Eier! Du musst Rikshafahrer werden wie Ashok, dann geht es uns gut.«

»Gleich, wenn wir ankommen, werde ich nach Ashok fragen, falls wir ihn nicht schon am Bahnhof treffen. Rikshafahren kann ich bestimmt auch. Ashok wird mir helfen, so ein Ding aufzutreiben.« Der Vater ist schon lange nicht mehr so zuversichtlich gewesen. »Wir schicken auch hundert Rupien nach Radapur.«

»Ja!«, stimmt die Mutter zu. »Und wenn wir erst ein Haus haben, holen wir alle Verwandten aus Radapur zu uns nach Delhi.«

Die Hoffnung macht munter. Ravi reckt sich, soweit das in dieser Enge möglich ist. Die Knochen sind noch ein bisschen steif von der unbequemen Nacht auf dem Straßenpflaster. Die Mutter beugt sich halb über ihn, um besser hinausschauen zu können. Sie machen sich gegenseitig aufmerksam auf all die Köstlichkeiten, die man kaufen kann.

Die Häuser werden höher, das Gewimmel und Gewusel in den Straßen noch dichter und die Huperei entwickelt sich zu einem an- und abschwellenden Dauerton.

»Ob das schon Delhi ist?«, fragt Ravi. »Ich möchte mal ein Kino sehen. Bestimmt gibt es in Delhi ein Kino.«

Ein Mann, der die Unterhaltung mitangehört hat, lacht. »*Ein* Kino? Du meinst wohl an jeder Ecke eins. Hier gibt es alles, was du dir nur wünschen kannst. Das Einzige, was du dazu brauchst, ist Geld.«

»Ich werde mir Arbeit suchen«, sagt Ravi. »Ist doch klar. In so einer Riesenstadt gibt es genug zu tun.«

Was Ravi von seinem Fensterplatz aus beobachtet, ist sehr ermutigend. Kinder, oft noch jünger als er, arbeiten als Schuhputzer, verkaufen Postkarten, Taschenmesser, Süßigkeiten. Ein Junge hält den Passanten bunte Ketten hin, die er sich über einen Arm gehängt hat. Da ist auch ein kleiner Flötenspieler. Auf dem Kopf balanciert er einen Korb mit Bambusflöten und gleichzeitig spielt er eine lustige Melodie. Ein paar Klangfetzen dringen an Ravis Ohr, trotz des Verkehrslärms. Ein Ausländer wird aufmerksam. Er bleibt stehen. Der Bus fährt weiter. Ravi kann nicht erkennen, ob der Junge mit dem Fremden ein Geschäft macht.

In Delhi gibt es wirklich viele Möglichkeiten für ein gutes Leben.

Der Bus hat die Endstation erreicht. Er hält vor einem großen Gebäude. Das muss der Bahnhof sein. Neben der Bustür kniet ein verkrüppelter Mann. Er streckt bettelnd die Arme vor. Nun greift er sogar nach Ravis Fuß. »Paisa, kleiner Herr, Paisa!«

Ravi reißt sich los und läuft ein paar Schritte von dem Bettler fort. Aber gleich verstellen ihm drei Kinder den Weg. Ihre Haare sind verfilzt und stehen wie Gestrüpp vom Kopf ab. Lumpen hängen lose über ihren Schultern. Es sind zwei Jungen und ein Mädchen. Das Mädchen guckt Ravi frech ins Gesicht. Es lacht über ihn. Er weiß nicht, warum.

Ravi dreht sich nach den Eltern um. Die Mutter versteckt das Gesicht hinter einer Falte ihres Saris. Nur die Augen schauen noch heraus. Der Vater hält Ausschau nach Rikshas. Von allen Seiten kommen welche, halten an, fahren weiter. Es sind so viele, dass man sie nicht mit den Fingern zählen kann, selbst wenn man vier Hände hätte. Aber keiner der Fahrer ist Ashok.

Hinter dem Bahnhofsvorplatz beginnt ein großer Markt, ein Bazar. Verzerrte Musik schallt von dort herüber und ein gleichmäßiges Trommeln. Dazwischen wieder die Rufe von Händlern. Aber hier klingen sie schrill und hart. Es ist ein Anschreien gegen den Lärm. Die Luft ist stickig von Abgasen und Hitze. Staubfahnen werden aufgewirbelt. Ravi kneift die Augen zusammen und hält die Hand vor die Nase.

»Da vorn, da! Ist das nicht Ashok?«, schreit der Vater. Er rennt einfach los, quer über die Fahrbahn. Gleich darauf ist er hinter einem Bus verschwunden.

Die Mutter packt Ravi am Arm. »Komm, schnell!« Ihr Bündel gerät ins Rutschen. Sie schiebt es zurecht und läuft dabei auf die Straße. Sie hat den Vater schon aus den Augen verloren. Ein Auto hupt neben ihr. Sie erschrickt und springt zur Seite. Dann rennt sie wieder los. Ein Motorroller bremst scharf. Ravi reißt sich von ihr los. »Nun warte doch!«

Sie hält inne und traut sich nicht mehr vor noch zurück. Um sie herum beginnt eine wilde Huperei. Ein Stau entsteht. »Los, weiter! Na, macht schon. Seid ihr eingeschlafen?« Von allen Seiten Rufe, die nichts nützen. Sie sind eingekeilt von Fahrzeugen. Der Vater ist nirgends mehr zu sehen.

Plötzlich ist da eine dreckige kleine Gestalt. Das Lumpenmädchen steht neben ihnen. Sie schiebt Ravi und die Mutter zwischen zwei Stoßstangen hindurch und sagt belustigt: »Nur weiter, kein Grund zur Panik.«

In aller Ruhe zwängt sie sich zwischen den Fahrzeugen durch und bringt die Mutter und Ravi wohlbehalten auf die andere Straßenseite, direkt zum Eingang des Bazars.

Ravi atmet erleichtert auf. Doch sofort erfasst ihn eine neue Angst. »Wo ist der Vater?«, schreit er.

Die Mutter blickt nervös zum Bahnhofsgebäude hinüber, reckt sich auf die Zehenspitzen, guckt nach links, nach rechts, nach allen Seiten und nimmt vor lauter Aufregung gar nichts mehr wahr.

Ravi ist genauso verwirrt. Er sieht Frauen, Kinder, Hunde, Busse, ein Pferdefuhrwerk, drei Esel mit Säcken bepackt, er sieht Ausländer mit hochgetürmten Rucksäcken, zwei Sikhs mit ihren herrlichen Turbanen, er sieht Männer, die mit einem weißen Dhoti bekleidet sind, aber keiner davon ist der Vater.

Das Mädchen lacht. Es klingt genauso frech wie eben an der Bushaltestelle. »Na, ihr kommt wohl direkt aus dem Urwald«, wendet es sich an Ravi. »Noch nie ein Auto gesehen – was? Ich weiß, wohin dein Vater gelaufen ist. Bleibt hier und rührt euch nicht von der Stelle. Ich hole ihn.«

Unbekümmert schlängelt sie sich durch das Verkehrsgewühle. Sie hüpft sogar. Ravi blickt ihr nach und begreift nicht, dass sie keine Angst hat, überfahren zu werden. Jetzt dreht sie sich sogar noch um und winkt.

»Die muss vorn und hinten Augen haben«, überlegt er halblaut. »Ich sehe den Vater noch immer nicht. Wohin rennt sie bloß?«

Die Mutter sagt gar nichts mehr. Sie schlägt erneut den Sari vor das Gesicht, der herabgerutscht ist.

Ravi räuspert sich und spuckt auf die Straße. Der Wind wirbelt so viel Dreck auf, dass es zwischen den Zähnen knirscht. Der Himmel hat sich mit einem grauen Dunstschleier überzogen. Vielleicht kommt der Monsun doch bald. Aber noch ist es kaum auszuhalten vor Hitze. Der Wind bringt keine Linderung.

In den Gestank der Abgase mischt sich nun geradezu aufdringlich ein unerträglich guter Geruch. Gebratenes ist das und Currygemüse, Roti oder Chapati. Ravis Magen zieht sich zusammen. Der Duft kommt von einem Stand, nur ein paar Meter entfernt. Man muss schnuppern, ob man will oder nicht. Aber schnuppern macht nicht satt. Im Gegenteil, der Hunger wird noch schlimmer.

Zum Glück taucht das Mädchen wieder auf und bringt den Vater mit. Er atmet schwer und seine Schultern sind nach vorne gebeugt. So steht er oft da, wenn er den ganzen Tag auf den Feldern gearbeitet hat.

»Es war nicht Ashok«, murmelt er tonlos. »Ich habe die Rikshafahrer vor dem Bahnhof gefragt. Sie kennen keinen, der aus Radapur kommt. Sie haben gesagt, in

Delhi gäbe es hunderttausend Rikshas. Das seien ungefähr so viele wie Sterne am Himmel.«

»Wir werden Ashok nie finden«, klagt die Mutter. »Nein, nie.« Der Vater sieht ganz elend aus.

Das Mädchen blickt zwischen dem Vater und der Mutter hin und her. Es rührt sich nicht von der Stelle. In seiner Haltung liegt etwas Lauerndes. Die Eltern beachten es nicht.

»Meine Mutter hat mich nach einer Göttin genannt«, sagt das Mädchen laut und blickt wieder zwischen den Eltern hin und her. »Ich heiße Sita.«

»Aber Ashok hat doch was von einem Patron geschrieben. Hast du gefragt, wo der Patron wohnt, der den Leuten die Rikshas gibt?«

»Das Essen vom Ramji ist das beste auf dem ganzen Bazar«, fährt Sita unbeirrt dazwischen. Sie zeigt auf die Bude, aus der es so unerträglich gut riecht. »Ich kenne Ramji. Er ist mein Freund. Ramji macht für uns alle einen guten Preis.«

»Wir haben kein Geld. Verschwinde jetzt«, sagt der Vater.

»Natürlich habt ihr Rupien«, sagt Sita. »Ihr seid mit dem Bus gekommen. Busfahren kostet Rupien.«

»Jetzt lass uns in Ruhe. Wir sind keine reichen Leute.« Auch die Mutter wird ungeduldig. »Bettel woanders.«

Sitas Augen blitzen. »Ich sehe selber, dass ihr arme Bauern seid. Aber auch arme Bauern müssen essen. Wenn ihr mir zehn Rupien gebt, hole ich bei Ramji Dhal und Reis für zwölf Rupien und noch ein Roti dazu. Nirgendwo bekommt ihr mehr. Ich kenne mich hier aus. Ihr nicht.«

Der Vater wehrt mit den Händen ab. »Geh!«

Aber Sita ist nicht so leicht abzuschütteln. »Euren Ashok findet ihr nie. In Delhi gehen die meisten Menschen verloren, die von den Dörfern kommen.« Sie schiebt sich noch einen Schritt näher heran. »Ich kann euch helfen. Soll ich euch zeigen, wo ihr schlafen könnt?«

»Zeig es uns«, bittet die Mutter, »ja, du bist ein gutes Mädchen. Die Götter werden es dir lohnen.«

»Erst muss ich essen. Es ist gleich Mittag. Ich habe heute noch nichts gehabt, gar nichts. Hört mal, wie mein Bauch knurrt.«

Tatsächlich grummelt es in Sitas Innerem wie ein fernes Gewitter.

»Gib mir zehn Rupien. Ich hole Dhal und Reis. Ramji macht mir einen guten Preis.« Wieder knurrt Sitas Bauch unüberhörbar.

»Gib es ihr«, sagt die Mutter leise.

Der Vater packt Sita an den Schultern. »Wenn du uns anlügst, und du weißt gar keinen Platz, wo wir schlafen können, dann, dann . . . «

»Ich lüge nicht. Ramji! Ramji!«, schreit Sita so laut sie kann. Der Mann von der Straßenküche wird aufmerksam. Er macht eine einladende Geste.

Der Vater lässt Sita los. Sie läuft zu der Bude. Ravi folgt ihr. Er will das eigentlich gar nicht. Aber der unerträglich gute Geruch ist zu stark. Und Hunger macht schwach.

Der Vater holt ein zusammengeknotetes Tuch hervor, das er an der Innenseite seines Dhotis befestigt hat. Sorgfältig faltet er es auseinander. In dem Tuch ist sein ganzes Vermögen, genau sechzehn Rupien und fünfzig Paisa.

Wie ein Wiesel ist Sita wieder neben ihm. »Du musst heute essen, sonst kannst du morgen nicht arbeiten«, flüstert sie beschwörend. »Und ich muss essen, sonst kann ich euch den Weg nicht zeigen.«

Sie hat die Augen halb geschlossen. Ihre Zunge zuckt erwartungsvoll über die Lippen. In ihrem dreckigen Gesicht krabbelt eine Fliege. Sita scheint es nicht zu merken. Sie starrt auf das Geld. »Morgen gehst du arbeiten, morgen verdienst du neue Rupien. Shivas Segen über dich und deine Familie!«

Ob es nun Sitas Bettelgemurmel ist oder der eigene Hunger, der Vater gibt nach. Er legt zehn Rupien zwischen die rußgeschwärzten Töpfe. Das letzte Geld, das ihm noch bleibt, knotet er wieder in das Tuch und lässt es in seinem Dhoti verschwinden.

Ramji, der seine Essensbude noch nicht lange geöffnet hat, sagt freundlich: »Ihr seid heute meine ersten Kunden. Ich gebe euch ein Roti extra. Großzügigkeit beim ersten Gast bringt Glück für den ganzen Tag.«

Ramji lächelt zufrieden. Sita strahlt und Ravi kann es kaum fassen. Ein Roti extra! Na, wenn das kein Glück ist.

6. Kapitel
Die Kinder von der ersten Plattform

Mit vollem Bauch sieht die Welt gleich ganz anders aus. Die fremden Geräusche und Gerüche auf dem Bazar machen neugierig.

Sita schiebt sich mitten hinein in das Menschengewühle. Die Eltern und Ravi können kaum folgen. Sie müssen mit den Ellbogen nachhelfen um nicht abgedrängt zu werden. Die vielen verlockenden Angebote an den Ständen ziehen Ravis Blicke an. Nur einmal hat er nicht aufgepasst und schon ist Sitas Filzkopf verschwunden zwischen all den anderen Köpfen.

Ravi schubst, rempelt Leute an, stolpert über Leinen und Stangen, mit denen die Buden befestigt sind, bis er den Abstand wieder aufgeholt hat. Er fasst Sitas Hand, damit ihm das nicht noch einmal passiert.

Hinter Dächern aus Planen und Wellblech taucht ein kleiner Tempel auf. Davor steht ein Brunnen, der umlagert wird von Händlern, die am Boden hocken und alle grüne Pfefferschoten oder kleine gelbe Zitronen verkaufen. Sie haben ihre Früchte zu Pyramiden gestapelt, immer abwechselnd grün und gelb. Es sieht aus wie ein Kranz rund um den Brunnen.

Sita bleibt stehen. »Diese Stelle müsst ihr euch merken«, sagt sie und lässt Ravis Hand los. Dann zwängt sie sich in einen Spalt zwischen zwei Buden. In der einen werden Saris aus schillernden luftigen Stoffen verkauft, in der anderen Kissen und Decken. Der Gang ist so eng, dass die Mutter ihr Bündel nicht hindurchbringt. Sie muss es auseinanderfalten und die Dinge einzeln tragen. Sita hilft ihr dabei.

An der Rückseite der beiden Stände stinkt es. Fliegenschwärme werden hochgescheucht. Hier ist so etwas wie eine öffentliche Toilette.

Sita trampelt mit ihren nackten Füßen unbekümmert durch die Haufen. Nach ein paar Schritten steht sie an der Rückwand des Tempels. Sie biegt um eine Mauerecke und da ist, ganz versteckt, ein winziger Platz.

Eigentlich ist es nur ein Luftloch, das sich ein Baum ertrotzt hat, weil er zu mächtig ist um in der Enge ringsum gefällt zu werden. Er breitet seine Äste gleichmäßig in alle Richtungen aus. Ein großer, grüner Sonnenschirm. An einer Seite reichen seine Zweige bis an den Tempel, an den anderen drei Seiten werfen sie Schatten über die Marktbuden. Der Baum ist so eingepfercht, dass es aussieht, als sei er in einen Kasten gepflanzt, bei dem der Deckel fehlt.

Es ist eine Feigenpappel, die Ravi sofort an seinen alten Lieblingsbaum in Radapur erinnert. Und Papageien wohnen auch darin. Einer schimpft aufgebracht aus der Krone herab. Müssen denn die Menschen nun auch noch hier eindringen! Ravi macht das Geschrei des Vogels nach. Der Papagei verstummt und äugt mit schräg gehaltenem Kopf nach unten. Den komischen Vogel muss er sich mal genauer ansehen.

Der Vater runzelt die Stirn. »Ein Baum ist kein Dach«, knurrt er. »Gibt es in Delhi keine Pilgerherberge? Da gehe ich doch lieber gleich in den Bahnhof als in dieses Rattenloch.«

Sita reagiert auf den Vorwurf mit ihrem frechen Lachen. »Pilgerherberge? Was ist das denn? Im Bahnhof ist alles besetzt. Da gibt keiner seinen Schlafplatz auf, damit ihr euch dort einrichten könnt. Hier seid ihr vor dem Wind geschützt. Keiner stolpert über euch in der Dunkelheit. Und Schlangen gibt es auch nicht. So einen guten Schlafplatz findet ihr nicht alle Tage.«

»Sind wir jetzt Pflasterschläfer?«, fragt die Mutter und blickt den Vater entsetzt an. »Müssen wir im Dreck leben? Wir sind doch keine Kastenlosen, keine Harijans? Im Dorf waren wir arm, wir hatten Hunger und es kam kein Doktor, wenn die Kinder krank wurden. Aber wir hatten unsere Hütte, einen eigenen Herd und ein Shaboi. Jetzt sind wir – nichts.«

Sie weint und stößt lang gezogene Klagelaute aus. Ihr Mut und all ihre Kraft, die sie gezeigt hat, als sie so entschlossen ihr Bündel schnürte, sind verbraucht. Sie ist nur noch hilflos und verzweifelt.

»Mataji, hör auf«, versucht Ravi sie zu trösten. »Wir wohnen unter einem Baum. Was ist daran so schlimm? Pitaji baut für uns eine neue Hütte, nein, er baut ein Haus. Das hat er versprochen. Wir bleiben nicht immer hier.«

Sita merkt, dass für sie nichts mehr zu holen ist. Sie geht rückwärts bis zu der Mauerecke, dreht sich dann um und verschwindet ohne noch ein Wort zu sagen.

»Sei ruhig, ich muss nachdenken«, knurrt der Vater.

Er macht eine unwirsche Bewegung mit der Hand. Sie gilt der Mutter ebenso wie den lästigen Fliegen. Dann hockt er sich auf die Fersen, stützt die Ellbogen auf die Knie und legt den Kopf in beide Hände.

Die Mutter verstummt augenblicklich. Sie wartet ergeben, wie es nun weitergeht.

Nachdenken und Vorausplanen ist der Vater nicht gewohnt. Er springt gleich wieder auf, läuft um den Baum, hustet und räuspert sich. Er ist genauso hilflos wie die Mutter, aber er sitzt nicht stumm da, sondern flattert umher wie ein Hahn, der nicht mehr weiß, wohin er gehört. Schließlich bleibt er vor Ravi stehen. Er packt ihn an den Schultern, legt sogar einen Arm um ihn, wie es unter Freunden üblich ist, aber doch nicht bei dem eigenen Sohn. Eine solche Geste untergräbt den Respekt. Auch das zeigt seine Hilflosigkeit.

»Du musst dir Arbeit suchen«, sagt er. »Wir müssen beide Geld verdienen. Allein schaffe ich das nicht.«

»Klar, das habe ich auch vor«, erwidert Ravi eifrig. »Ich schaue mich gleich mal auf dem Bazar um. Vielleicht kann ich irgendwo Kisten schleppen oder fegen oder aufpassen, dass nichts gestohlen wird. Lass mich nur gehen.«

»Du wirst dich verlaufen«, warnt der Vater.

»Dann frage ich nach dem Tempel mit dem Brunnen davor. Wenn ich da erst wieder bin, finde ich auch den schmalen Gang. Das schaffe ich bestimmt.« Ravi kann es gar nicht mehr abwarten, sich endlich die herrlichen Auslagen anzusehen.

Der Vater willigt ein und Ravi stürmt los. Aber trotz seiner Aufregung und Neugierde ist er aufmerksam. Ravi, der gelernt hat, die Vögel zu beobachten, hat einen sicheren Blick für Einzelheiten.

Quer über die Budengasse ist ein Transparent gespannt. Darauf steht etwas in englischer Sprache geschrieben. Ravi kann zwar nicht lesen, aber er kann Hindischrift von englischen Buchstaben unterscheiden. Diese Stelle wird er schon von weitem erkennen, egal aus welcher Richtung er kommt.

Hindi ist die Sprache, die Ravi und seine Eltern sprechen. Alle Leute in Radapur sprechen Hindi, ebenso die Menschen, die Ravi bisher in Delhi getroffen hat. Aber in den wenigen Monaten, die Ravi zur Schule gegangen ist, hat er gelernt, dass in dem großen Land Indien vierzehn verschiedene Sprachen gesprochen werden und noch unzählige Dialekte. Damit sich die Menschen trotzdem verständigen können, haben die Politiker sich geeinigt, dass alle Ankündigungen und wichtigen Entscheidungen in englischer Sprache bekannt gegeben werden müssen. In jeder Schule wird Englisch unterrichtet.

Einen kurzen Augenblick denkt Ravi an die Dorfschule. Schade, dass der Weg so weit war und der Lehrer so streng. Es gibt Kinder, so alt wie er, die können lesen, was auf so einem Transparent steht. Reiche Kinder sind das. Reiche Kinder gehen immer zur Schule. Später verdienen sie genauso viel Geld wie ihre Väter. Reiche bleiben immer reich und Arme bleiben immer arm. Der greise Swami sagt, die Götter wollen es so.

Ravi findet das ungerecht von den Göttern. Solche Gedanken kommen ihm manchmal. Aber er verscheucht sie schnell wieder. Denn der greise Swami sagt auch, dass die Götter Gedanken lesen können.

Auch jetzt verscheucht Ravi diesen Gedanken ganz schnell. Er bleibt vor einem Stand stehen, der Radios verkauft. Der Händler lässt süßliche Musik aus zwei Lautsprecherboxen dröhnen. Plötzlich fällt der Strom aus. Mit einem Jaulton verstummt die Anlage. Doch gerade als Ravi zum nächsten Stand schlendern will, ist der Strom wieder da. Die Musik sirrt und schluchzt weiter. Ravi lauscht hingerissen. Den ganzen Tag könnte er hier stehen bleiben und zuhören. So ein Gerät können sich auch nur Reiche leisten. Aber hier auf dem Bazar ist es für alle da.

»Weiter, weiter, steh nicht den Kunden im Wege«, brummt der Händler ganz unpassend zu den lieblichen Klängen.

Ravi gehorcht. Er geht langsam zurück zum Bahnhof. Den kennt er schon, jedenfalls von außen. Neben Ramjis Straßenküche bleibt er stehen. Er beobachtet den Verkehr, beobachtet vor allem die Fußgänger, die sich ohne Anzeichen von Angst zwischen die Fahrzeuge wagen und hindurchschlängeln. Alle kommen heil auf der anderen Seite an.

Ravi muss an den letzten Wirbelsturm denken, der Radapur verwüstet hat. Da wusste man auch nicht, von welcher Seite die Gegenstände angeflogen kamen. Mit dem Straßenverkehr scheint das ähnlich zu sein. Und so wie der Sturm manchmal aussetzt, hat auch das

Chaos auf der Straße seine Lücken. In einem günstigen Augenblick rennt Ravi los und erreicht ohne Zwischenfall den Bahnhof.

Nun traut er sich in die große Halle. Hier wimmelt es genauso von Menschen wie auf dem Bazar. Aber die wenigsten sind Reisende. Ravi sieht viel mehr Obdachlose, Mütter mit Säuglingen, die auf dem Fußboden sitzen, Bettler, Krüppel, abgemagerte alte Männer, Leprakranke und dazwischen die Händler mit Bauchläden oder einem Warenlager auf dem Kopf.

Ravi lässt sich davon nicht aufhalten. Er möchte Züge sehen. Wie oft hat er von Zügen geträumt, wenn er in Radapur unter seinem Lieblingsbaum saß und den Vogelschwärmen zuschaute. Wie oft hat er sich das vorgestellt, blitzende Schienenstränge bis an den Horizont und Bahnhöfe so groß wie das Haus des Patrons, so festlich geschmückt wie ein Tempel.

Dieser Bahnhof ist unendlich viel größer als das Haus des Patrons. An einen Tempel erinnert gar nichts. Hektik drinnen und draußen. Soldaten stehen neben dem Eingang. Durch eine Schwingtür, die klemmt und auf dem Boden schleift, gelangt Ravi auf den ersten Bahnsteig.

Der ist dreckig und überfüllt. An einer Stelle liegen viele in Sackleinen eingenähte Ballen herum. Familien haben sich darauf niedergelassen, dicht gedrängt wie die Tauben über ihnen auf dem Dach. Bahnbeamte und Polizisten gehen dazwischen auf und ab. Sie greifen nicht ein. Noch wird die Bahnfracht nicht verladen. Ob das morgen geschieht oder nächste Woche, weiß keiner so genau.

Ravi setzt sich auch auf einen Ballen. Alles hier ist anders als in seinen Träumen, aber trotzdem aufregend. Ein Junge spricht ihn an und fragt, ob er nicht eine Tüte Erdnüsse kaufen will.

Ravi lacht den andern an. »Ich besitze nicht eine Paisa. Sag mal, kann ich hier nicht auch etwas verkaufen?«

»Das könnte dir so passen!« Der Junge guckt ihn empört an. »Außer mir darf auf dieser Plattform niemand Erdnüsse verkaufen. Ich wohne hier.«

»Und was macht der Junge da hinten, am Ende des Bahnsteigs? Der geht doch auch mit Erdnüssen herum.«

»Das ist mein Bruder. Der Verdienst bleibt in der Familie. Wenn einer von uns schläft, passt der andere auf, dass nicht so einer wie du hier eindringt.«

»Ja, das verstehe ich«, sagt Ravi, »aber wenn ich nun Postkarten verkaufen würde oder Zeitungen? Damit nähme ich dir doch nichts weg.«

»Bei Postkarten kriegst du Ärger mit Ramesh und bei Zeitungen mit Beni. Hau hier bloß ab! Wir Kinder von der ersten Plattform halten zusammen. Darauf kannst du dich verlassen.«

»Und wo finde ich Arbeit?«, fragt Ravi kleinlaut. »Kannst du mir vielleicht einen Tipp geben?«

»Geh dahin, wo du hergekommen bist. Wir verdienen selber nicht genug. Einen anderen Tipp kann ich dir nicht geben.« Der Junge wendet sich mit grimmigem

Gesichtsausdruck ab. Er geht weiter und bietet seine Zeitungspapiertüten voller Erdnüsse an. Aber die Leute winken ab oder schauen über ihn hinweg. Einmal sieht Ravi, wie ein Mann nach dem Erdnussjungen tritt, als sei er ein lästiger Köter.

Lange und unschlüssig bleibt Ravi auf dem Ballen sitzen. Er ist traurig und auf einmal sehr müde. Alles um ihn herum ist fremd. Er ist fremd. Die anderen haben ihren festen Platz, die kennen sich untereinander. Die halten zusammen.

Beni kommt vorbei, mit einem Arm voller Zeitungen. Einige sind in englischer Sprache gedruckt, andere in Hindi. Beni hat Glück. Ein vornehm gekleideter Inder kauft ihm eine englische Zeitung ab. Er bezahlt dafür zehn Rupien. Ravi erkennt den Geldschein genau. Zehn Rupien für so ein bisschen Geschriebenes! Wie viel der Mann wohl für sein Mittagessen ausgibt?

Der Mann liest im Stehen, Seite für Seite. Er wartet auf einen Zug, der Verspätung hat. Beni geht den Bahnsteig auf und ab. Die Zeitungen hält er so, dass man die Schlagzeilen auf der ersten Seite gut sehen kann. Wenn er an Ravi vorbeikommt, guckt er misstrauisch.

Jetzt fährt der verspätete Zug ein. Alle Händler drängeln sich um die Aussteigenden. Danach stürmen sie sogar in den Zug und bieten ihre Waren in den Abteilen an.

Der Mann hat alles gelesen, was ihn interessiert. Er lässt die Zeitung achtlos fallen. Ravi zögert einen Moment, dann schnappt er sie sich. Damit kann die Mutter Feuer machen oder Tüten falten. Die Tüten könnte er an die Händler auf dem Bazar verkaufen. Jedenfalls ist eine Zeitung viel zu kostbar um liegen gelassen zu werden.

Ravi läuft weg, damit Beni nicht irgendwelche Ansprüche stellt und die Zeitung zurückhaben will. Aber der ist noch im Zug beschäftigt.

In dem Menschengewühle der Bahnhofshalle fühlt Ravi sich vor den Kindern der ersten Plattform sicher. Er kommt an einer Schlange vorbei, die vor einem Fahrkartenschalter steht. Auch Ausländer sind darunter, zwei Männer und eine Frau. Ravi sieht sich die Fremden neugierig an und da fällt ihm ein, was man noch mit einer Zeitung machen kann. Ausländer sprechen Englisch. Vermutlich können sie auch lesen. Ravi stellt sich dicht neben die Fremden, setzt ein freundliches Lächeln auf und hält ihnen die Zeitung entgegen. Aber die beachten ihn gar nicht, reden, lachen, tun so, als sei er nicht vorhanden. Ravi lässt sich dadurch nicht entmutigen. Immer, wenn einer der Fremden doch mal einen Blick in seine Richtung wirft, zeigt Ravi sofort auf die Zeitung.

So geht das eine ganze Weile. Fahrkarten müssen mit der Hand ausgeschrieben werden. Das dauert lange. Ravi hat Geduld. Die Ausländer haben das nicht. Der indische Junge, der nicht von ihrer Seite weicht, macht sie nervös. Schließlich zieht ihm die Frau die Zeitung aus den Händen, guckt nach dem aufgedruckten Preis und steckt Ravi zehn Rupien in die Hand. Mit einer Geste deutet sie an, dass er nun aber gefälligst verschwinden soll.

Zehn Rupien für eine Zeitung, die schon ein anderer gelesen hat! So muss man es machen. Ravi steckt das Geld in seinen Ärmel und verschwindet schnell und unauffällig.

Er bleibt nicht stehen, bis er den Bazar erreicht hat. Zehn Rupien hat er verdient und zweimal ist er schon über die Straße gelaufen. Der Vater wird stolz auf ihn sein und die Mutter wird nicht mehr jammern.

Wenn bloß der scheußliche Wind nicht wäre und diese brütende Hitze! Ob heute Nacht der Monsun einsetzt?

7. Kapitel
Auf dem Bazar

Der Wind legt sich in der Nacht, die Hitze bleibt. Die Luft ist schwül. Alles, was man anfasst, klebt. Ravi liegt mit offenen Augen auf seiner Decke unter dem Baum. Er kann nicht schlafen. Die Moskitos sirren wie verrückt. Wenn man anfängt sie zu verscheuchen, wird man selber verrückt. Es sind zu viele, es sind unzählige. Je länger der Monsun auf sich warten lässt, umso dichter werden die Moskitoschwärme. Und wenn der Regen erst da ist, wird es noch schlimmer.

Die Reichen haben Häuser mit feinem Maschendraht vor den Fenstern. Da können die Moskitos nicht hindurchschlüpfen. Die Armen müssen sich stechen lassen.

Irgendwann hält Ravi es nicht mehr aus. Er steht auf und tastet sich im Mondlicht zwischen den Buden durch zum Brunnen. Mit geschlossenen Augen hockt er unter dem Wasserstrahl und trinkt, was ihm in den Mund läuft. Das Wasser ist lauwarm und doch eine Erfrischung. Nichts juckt und brennt und klebt mehr.

Als er die Augen wieder öffnet, steht ein Gespenst vor ihm. Ravi bekommt einen fürchterlichen Schreck. Das Gespenst hat Arme und Beine. Es ist wohl doch ein Mensch oder das, was das Elend davon übrig gelassen hat. Eine Jammergestalt mit blinden Augenhöhlen, wirr vom Kopf abstehenden Haaren, von Beulen und Geschwüren bedeckt. Der Blinde steht vor dem Brunnen und tastet suchend nach Ravi. Er lallt, will sich verständlich machen. Ravi weicht zurück. Vor Ekel, Entsetzen und Angst läuft ein Schauer über seine Haut. Der Blinde greift nach ihm. Ravi springt über den Rand des Brunnens und schleicht sich zu den Eltern zurück.

Pitschnass legt er sich auf die Decke und horcht, ob die unheimliche Gestalt ihm folgt. Hinter den Buden bleibt es still. Nur ein gleichmäßiges Pochen ist da. Das Pochen entfernt sich, kommt langsam wieder näher, geht vorbei, kommt zurück. Hin und her, auf und ab. Ravi kann nicht mehr einschlafen. Das Pochen lässt ihn nicht los. Er will gar nicht hinhören, aber es ist wie ein Zwang. Ravi kann sich nicht dagegen wehren.

Der Himmel wird schon grau und vom Bahnhof her

ist das Rattern eines Zuges zu hören. Als er vorbeigefahren ist, hat das Pochen aufgehört.

Die Spannung fällt von Ravi ab. Augenblicklich schläft er ein. Er hört nicht mehr, dass die Mutter aufsteht und vor sich hin murmelt. Er sieht nicht, wie sie sich streckt und gähnt, wie sie den Wasserkrug aufhebt und damit zum Brunnen geht. Als sie zurückkommt, schüttelt sie Ravi an den Schultern.

»Komm hoch, wir müssen Holz suchen«, sagt sie. Ravi rührt sich nicht. Sie packt ihn fester. »Auf dem Bazar sind jetzt schon Leute. Steh auf, ich will nicht alleine zwischen den Buden herumlaufen und mich dabei verirren.«

Sie zieht so lange an Ravis Arm, bis er auf den Beinen steht. Schlaftrunken zockelt er hinter ihr her.

Der Morgen ist bleigrau, die Luft heiß und feucht. Das Leben an diesem Tag beginnt nur zögernd. Die Händler haben ihre Stände noch geschlossen. Jetzt ist die Zeit der Tiere und der Müllsammler. Ein Hund hinkt an den Ständen entlang. Er schnuppert nach Essbarem. Eine Ziege kommt mit ihren Jungen vorbei. Auf einem Abfallhaufen kämpfen zwei Ratten, groß wie ausgewachsene Katzen. Sie schreien fürchterlich und beißen sich blutig. Ravi wagt nicht den Stock aufzuheben, der aus dem Abfall herausragt.

Aber die Mutter wagt es. Sie nimmt den Stock und schlägt damit nach den Ratten. Die halten ein in ihrem verbissenen Kampf. Die Mutter schlägt noch einmal zu. Da reißen die Biester aus. In entgegengesetzter Richtung stürmen sie auseinander.

Überall sind Frauen und Kinder unterwegs um Brennmaterial zu suchen für das Frühstück und für eine Kanne voll Shai. Das Wasser aus dem Brunnen macht krank. Es riecht faulig. Wenn man es abkocht, ist es weniger schädlich.

Auf dem Bazar gibt es auch Kühe. Sie gehören den Göttern. Kühe sind heilig. Niemand würde sie schlachten und essen. Die heiligen Kühe leben wie die Obdachlosen. Sie sind genauso mager, wühlen im Dreck nach Nahrung und legen sich zum Schlafen auf den staubigen Boden. Eine Wiese kennen sie nicht.

Die Kuhfladen, die sie hinterlassen, werden aufgesammelt und zu runden Kuchen geformt. Sie werden an Hauswände gepresst, bis sie hart und trocken sind und dann verkauft. Kuhmistbäcker ist ein Beruf. Wer schneller ist als die Kuhmistbäcker, hat Glück und braucht nichts zu bezahlen. Was auf der Straße liegt, kann schließlich jeder aufheben.

Die Mutter und Ravi haben kein Glück an diesem Morgen. Sie müssen sich mit Stöcken und holzigen Blättern zufrieden geben. Ravi entdeckt noch einen zerrissenen Schuh. Der brennt auch. Sie kehren unter die Feigenpappel zurück.

Der Schuh qualmt und stinkt, aber er hält länger die Glut als Blätter und Reisig. Die Mutter bringt es fertig, für jeden ein Roti zu backen und anschließend noch Shai zu kochen. In den Tee gibt sie einen Klumpen Butterfett. Das schmeckt ranzig. Ravi verzieht das Gesicht. Trotzdem trinkt er gern Buttertee, denn der macht satt.

Der Vater hat gestern kein Geld verdient. Jetzt, nach dem Frühstück, will er wieder los um Arbeit zu suchen. Er hat keine Ahnung, an wen er sich wenden soll. Er kann nur hoffen, fragen, auf Shiva vertrauen. Arbeit ist ein seltener Schatz, ein Geheimnis, dem man auf die Spur kommen muss. Arbeit ist ein Geschenk der Götter.

»Wo ist das Bild von Shiva?«, fragt der Vater. »Ich will ein Butterlicht davor anzünden.«

Ravi fühlt sich nicht angesprochen. Er verfolgt eine Ameisenstraße neben der Feuerstelle.

»Ich weiß nicht«, murmelt die Mutter. »Es ist nicht mehr da.«

»Nicht mehr da? Das Bild von Shiva?!« Der Vater beugt sich zu Ravi. »Du hast es die ganze Zeit getragen. Wo ist es?«

Ravi traut sich nicht zu sagen, was passiert ist. Der Vater kann sehr wütend werden. Shiva kann noch wütender werden. Ravi hat es doch nicht mit Absicht verloren. Es ist nun mal geschehen.

Weil Ravi nicht antwortet, dreht der Vater sich zu der Mutter um. »Du hast nicht aufgepasst«, schimpft er. »Du stürzt uns ins Verderben.«

Die Mutter weicht zurück. Angst drückt sich auf ihrem Gesicht aus. Der Vater braucht sie als Schuldige für die Armut, für die Arbeitslosigkeit, für die unbequeme Nacht, für seine Mutlosigkeit. Zornig geht er auf sie los.

Da kann Ravi sich nicht mehr unschuldig stellen. Die Mutter hat genau gesehen, wie ihm das Bild auf die

Straße gefallen ist. Sie verrät trotzdem nichts. Sie hält immer zu ihm.

»Es ist unter den Lastwagen gekommen«, gibt Ravi zu, »beim Einsteigen, weil alles so schnell gehen musste. Ich konnte es nicht festhalten.«

Der Vater lässt von der Mutter ab und dreht sich zu Ravi um. Doch bevor er zuschlagen kann, ist die Mutter dazwischen. Sie fasst seinen Arm. »Geh in den Tempel«, sagt sie schnell. »Du kannst dort ein Butterlicht anzünden oder auch zwei! Warum machst du keine Pudja?«

Das ist ein guter Vorschlag. Der Vater beruhigt sich. Er holt sein Geld hervor. Trotz Ravis Verdienst ist nach dem Abendessen nur noch ein kümmerlicher Rest übrig geblieben. Es reicht genau für ein Opferlicht im Tempel und für eine Packung Bidi-Zigaretten.

»Du kaufst ein neues Bild«, befiehlt der Vater streng. Dann zieht er los, ohne sich noch einmal nach der Mutter und Ravi umzuschauen.

Ravi ist erleichtert. Ein neues Bild wird Shiva erfreuen. Er wird ein besonders schönes kaufen, in leuchtenden Farben, mit Glas davor und einem Rahmen. Er muss nur erst das Geld dafür verdienen.

Ravi versucht es zunächst wieder am Bahnhof. Er geht auf eine andere Plattform als gestern, um nicht Ärger mit Beni und dem Erdnussjungen zu bekommen. Auch hier sind Kinder bei der Arbeit. Ravi achtet auf jeden, der eine Zeitung liest, aber der Zufall von gestern wiederholt sich nicht. Ravi muss sich etwas anderes einfallen lassen. Es ist schon fast Mittag.

Er schlendert zurück in die Bahnhofshalle. Dort entdeckt er einen Raum, in dem Ausländer beraten werden. Ausländer ziehen Ravi an. Sie haben immer Geld. Doch als er das Touristenbüro betritt, wird er sofort von einem Angestellten verscheucht.

Ein paar Türen weiter sieht er eine Gaststätte. Der Fußboden ist übersät mit Krümeln und leeren Plastikbechern. Auf den Tischen kleben Speisereste, an denen sich nur die Fliegen erfreuen. Ravi fragt, ob er die Tische abwischen und den Boden kehren darf.

»Raus!«, sagt der Kellner.

»Für zehn Rupien helfe ich den ganzen Tag«, bietet Ravi sich an. »Ich kann auch Teller spülen.«

»Raus!«, wiederholt der Kellner.

Ravi überwindet sich noch einmal. »Ich mache alles, was anfällt, für fünf Rupien.«

Der Kellner antwortet darauf gar nicht mehr. Er schiebt Ravi zur Tür hinaus.

Jetzt versucht Ravi es in der Bahnhofshalle. Er guckt nach Reisenden mit vielen Gepäckstücken. Vielleicht kann er jemandem tragen helfen. Gerade kommt eine Familie mit einem tragbaren Ofen, Bündeln, Taschen und Decken durch die Schwingtür. Ravi läuft sofort zu ihnen. Doch noch bevor er sie ansprechen kann, packt ihn eine Hand an der Schulter. Der Griff ist hart und tut weh. Ravi windet sich, er stöhnt und versucht sich loszureißen.

»Hier bin ich Gepäckträger. Lass es sein, du kriegst nur Ärger«, droht der Mann, der ihn gepackt hat. Er drückt noch ein bisschen fester zu, dann lässt er los.

Tränen der Wut schießen Ravi in die Augen. »Du hast hier nicht zu bestimmen! Der Bahnhof gehört allen!«, schreit er.

Doch dann dreht er sich um und rennt hinaus. Er spürt noch immer die Pranke des Gepäckträgers auf seiner Schulter. Gegen so einen kommt er nicht an. Aber die Meinung hat er ihm wenigstens gesagt.

Der Verkehr wälzt sich lückenlos stadtein- und stadtauswärts. Ravi hat Mühe, auf die andere Seite zu gelangen. Es ist viel schwieriger, Fahrzeuge im Blick zu behalten als Vögel. Für heute reicht es ihm. Er will auf dem Bazar bleiben.

Ramjis Straßenküche ist geöffnet. Es riecht schon wieder unerträglich gut. »Ich kann Teller und Töpfe scheuern«, stößt Ravi zwischen den Zähnen hervor. Noch immer hat sich seine Wut nicht ganz gelegt.

Ramji lacht. »Das kann ich auch. Wenn du was verdienen willst, versuch mir Gäste zu bringen. So wie Sita es macht. Für jeden, den du mir anschleppst, fällt auch für dich ein Happen ab.«

Sofort bessert sich Ravis Stimmung. Warum nicht? Was so ein Bettelmädchen kann, kann ich auch, denkt Ravi. Am besten versuche ich es an den Bushaltestellen. Wer eine lange Fahrt hinter sich hat, ist hungrig.

Nun muss er doch wieder über die Fahrbahn laufen. Aber wenn dafür vielleicht ein Roti herausspringt oder ein Schüsselchen voll Reis, sieht so ein Verkehrsgewühle gleich weniger gefährlich aus. Ohne zu zögern, spricht Ravi einen Mann an, der neben einem prallen Koffer steht und sich suchend umschaut. Wer mit einem Koffer unterwegs ist, hat auch Rupien.

»Bei Ramji gibt es das beste Essen, mein Herr. Es ist gar nicht weit. Ich kann den Koffer tragen. Ramjis Essen ist berühmt.«

Mit der einen Hand winkt der Mann müde ab, mit der anderen schnipst er einem Taxi zu, das sofort anhält.

Blöder Kerl! Dann vielleicht die Frau dort drüben? Die sieht richtig schlapp aus. Oder die beiden Männer? Auch nicht. Ravi versucht es weiter. Aber niemand scheint bei der Hitze Hunger zu haben, niemand will Ramjis Essen probieren. Ravi wird immer verzagter. Er wechselt wieder in den Bazar hinüber. Im Schatten einer Panbude ruht er sich aus. Seine Füße brennen vom Herumlaufen auf dem heißen Pflaster. Seine Augen brennen vom Staub.

An der Panbude geht das Geschäft gut. Männer und Frauen kommen und holen sich die erfrischenden Röllchen. Der Panverkäufer braucht keine Kinder, die ihm Kunden bringen.

Nicht weit von Ravi lässt sich jetzt auch ein alter Mann nieder. Vor sich auf den Boden stellt er den Kasten ab, den er zusammen mit einem Klappstuhl auf dem Kopf getragen hat.

»Zeigt eure Ohren!«, ruft er. »Wer will Gutes für die Ohren?«

Ravi überlegt, was das wohl ist: Gutes für die Ohren.

»Zeigt eure Ohren!«, ruft der Alte wieder. Da bleibt eine Frau stehen. »Mein linkes Ohr ist seit langem verstopft«, sagt sie. »Ich glaube, da steckt eine Fliege fest. Kannst du mal nachsehen?«

Der Mann verbeugt sich würdevoll. Dann öffnet er seinen Kasten und deutet auf Fläschchen und Dosen. Er hebt ein gebogenes Holzstäbchen hoch, dann eins aus Elfenbein. Er zieht einen Gummiball hervor, an dem ein dünner Schlauch befestigt ist.

»Ich bin der beste Ohrenputzer in ganz Delhi«, preist er sich selber an. »Mein Vater war Ohrenputzer bei den Engländern. Von ihm habe ich alles gelernt.«

Die Frau lässt sich überzeugen. Sie handelt einen Preis für eine Behandlung aus. Dann setzt sie sich auf den Klappstuhl, den der Ohrenputzer für sie bereitstellt.

Mit öliger Watte und seinen Krummstäbchen macht er sich an die Reinigung der Ohren seiner Kundin. Triumphierend zeigt er ihr, was er alles aus ihren Gehörgängen herausholt. Sie ist sehr beeindruckt. Auch der Panverkäufer ist beeindruckt. Er will gleich anschließend so eine Behandlung haben.

Ravi bietet ihm schnell an in der Zeit auf seinen Stand aufzupassen. Der Panverkäufer willigt ein. Dann setzt er sich auf den Klappstuhl.

Er verzieht das Gesicht. Die Prozedur scheint nicht ganz schmerzfrei zu sein, aber ungeheuer erfolgreich. Der Ohrenputzer hört gar nicht wieder auf und stößt jedes Mal ein entzücktes »Aji, aji« aus, wenn er wieder Bräunlich-Klebriges auf der Spitze seines Stäbchens vorzeigen kann.

Während seiner Behandlung kommen drei Kunden

zu Ravi. Er ist freundlich und macht seine Arbeit so sicher, als sei das nicht das erste Mal. Dabei hat er bisher immer nur zugeschaut. Ravi hat das meiste in seinem Leben vom Zuschauen gelernt.

Schließlich hat der Ohrenputzer seine Prockelei zu einem guten Ende gebracht. Der Panverkäufer strahlt. Er hat Ravi die ganze Zeit über aus den Augenwinkeln beobachtet. Jetzt nickt er zufrieden und schenkt ihm ein Panröllchen.

Ravi kaut langsam. Dann spuckt er den roten Saft schwungvoll vor seine Füße. Der bittere pelzige Geschmack, der vom leeren Magen kommt, verschwindet. Der Mund brennt angenehm wie bei einer guten Mahlzeit. Der Hunger ist für eine Weile nicht mehr zu spüren.

Der Ohrenputzer zieht mit seinem Kasten weiter. Die Sonne steht schon tief. Auch Ravi kehrt unter die Feigenpappel zurück. Er hat seit dem Morgen nichts mehr gegessen. Er hat nur Wasser getrunken. Denn das gibt es kostenlos auf den Bahnsteigen oder aus den Hydranten am Bordsteinrand. Jetzt ist er so erschöpft, dass er sich gleich auf seine Decke legt.

Kurz nach ihm kommt auch der Vater. Er schaut weder Ravi noch die Mutter an. Er hockt sich auf die Fersen und sagt kein Wort. Sein brummiges Gesicht zeigt an, dass er wieder kein Geld verdient hat.

Die Mutter hat noch Linsen in ihren kargen Vorräten. Daraus kocht sie Dhal. Leise erzählt sie dabei, dass sie am Brunnen eine Frau kennen gelernt hat, die auch mit ihrer Familie aus einem Dorf gekommen ist. Schon vor einem Jahr. Zuerst litten sie große Not, aber dann hat ihr Mann Arbeit beim Straßenbau gefunden. Es ist schwere Arbeit, doch gibt es dafür regelmäßig Lohn. Außerdem schlafen sie im Lagerraum eines Teppichhändlers. Auf diese Weise bewachen sie nachts die Waren und haben ein sicheres Dach. Es geht ihnen gut.

Ravi und der Vater hören schweigend zu. Gerade als der Linsenbrei fertig ist, klatschen die ersten Tropfen vom Himmel.

Der Monsun ist da!

8. Kapitel
Der große Regen

Ravi springt auf. Vergessen sind Hunger und Müdigkeit. »Endlich!«, ruft er voller Freude. »Endlich Regen! Die Götter strafen uns doch nicht mit Dürre.«

Beim letzten Monsun hat er sich noch nackt ausgezogen und ist aus der Hütte gelaufen. Die Ziegen aus dem Dorf sind hinter ihm her gesprungen, haben gemeckert und ihre weichen Nasen zum Himmel gestreckt. Der Regen ist eine Erlösung nach der lähmenden Hitze.

Am liebsten würde Ravi sich auch jetzt seine verschmutzten Kleider herunterreißen und unter der Himmelsdusche baden. Aber hier in Delhi, zwischen den vielen Menschen, die alle fremd sind, hat er Scheu. Hier ist er nicht zu Hause. Trotzdem fühlt er sich jetzt glücklich.

Auch der Vater lebt auf. Glanz kommt in seine Augen und die Zähne blitzen in seinem dunkelbraunen Gesicht. Zum ersten Mal, seit er in Delhi ist, lacht er, befreit von einem großen inneren Druck. So lange hat er in diesem Jahr gewartet, gebangt, ist sogar fortgelaufen aus Radapur. Nun endlich kommt die Fruchtbarkeit auf die Felder. Der Hunger ist besiegt. Er ist ein Leben lang Bauer gewesen, er weiß, dass Arbeit und Plagen umsonst sind, wenn der Monsun ausbleibt. Er denkt und fühlt noch wie ein Bauer, auch hier in der Großstadt.

Ravi lacht auch, weil die Tropfen als kleine Spritzer im Essen landen. Sie prasseln auf die Blätter der Feigenpappel, auf das Dach der Kissen-und-Decken-Bude, auf Mutters Aluminiumtopf. Dazu rauscht der Wind in den Blättern. Ein Papagei jibbelt, ein Esel trompetet stimmgewaltig. Ein Konzert ist das! Und was für eins!

Da stößt die Mutter einen Schrei aus, der sich schrill von diesem Konzert abhebt. »Unsere Sachen werden nass.« Sie hebt die Decken vom Boden auf, drückt sie an sich, legt die Arme schützend darüber. Aber das nützt nichts. »Wo sollen wir heute Nacht schlafen?«, fragt sie.

Ravi zuckt zusammen. Die Spritzer im Essen sind mit einem Mal lästig. Das Geschrei des Esels dröhnt in den Ohren. Der Baum ist keine Hütte, ist kein Schutz mehr.

Noch nie war die Freude über den Regen so kurz.

Auch im Dorf werden die Wassermassen nach einigen Tagen lästig. Der Boden weicht auf, die Wege sind überschwemmt, durch das Dach der Hütte tropft es. Das Feuer qualmt und der Rauch beißt in den Augen. Schimmel überzieht die Wände und die Kleider werden kaum noch trocken. Aber man kann zuschauen, wie der Reis von Tag zu Tag höher wird, wie der Weizen Ähren hervorschiebt und die Mangobäume Früchte ansetzen. Das Wasser sichert die Ernte. Es ist gut, wenn man das sehen kann bei all den Regenplagen.

»Wir suchen uns ein Dach«, sagt der Vater gelassen. »Hier kann man vor Dächern kaum noch den Himmel sehen. Bei so vielen Häusern findet jeder einen trockenen Winkel. Auch ohne Monsun wäre ich nicht einen Tag länger in diesem stinkenden Loch geblieben.«

Sie schlingen das Essen hinunter, dann heben sie schnell die paar Sachen auf, die sie besitzen, und laufen in den strömenden Regen hinein.

Über dem Eingang des Tempels ist ein Vordach. Bettler hocken schon dicht gedrängt darunter. Sita hat sich einen guten Platz neben der Tempeltür gesichert. Sie winkt Ravi. Er schiebt sich zu ihr durch. Die Mutter drängelt hinterher. Drängeln ist das Erste, was man lernt in einer Stadt wie Delhi.

Die Händler bringen ihre Waren in Sicherheit. Überall werden Stände hastig geschlossen. Heute ist kein Geschäft mehr zu machen. Wer jetzt eine Wohnung hat oder ein Haus, der bummelt beim Ausbruch des Monsuns nicht mehr über den Bazar. Nur Bettler bleiben übrig und die kaufen nichts.

So plötzlich, wie der Regen eingesetzt hat, hört er auch wieder auf.

»Los, kommt mit«, befiehlt der Vater. »Vor der Tempelpforte können wir keine Wurzeln schlagen. Ehe der nächste Guss einsetzt, will ich es gemütlich haben. Bin ich vielleicht in die reiche Stadt gekommen um zu leben wie ein Hund?«

Seine Hoffnungslosigkeit ist wie weggespült. Er stapft durch Pfützen, die sich überall gebildet haben. Moder quatscht zwischen seinen Zehen. Sein Dhoti wird vollgespritzt. Ravi und die Mutter kommen kaum hinterher. Er nimmt darauf keine Rücksicht. Der Regen hat ihm Kraft gegeben und Entschlossenheit. Ravi und die Mutter spüren das. Soll er nur laufen, so schnell er kann! Sie passen schon auf, dass sie ihn nicht verlieren.

Aus den Budengassen im Bazar biegen sie in eine breite Straße ein. Hohe Häuser reihen sich aneinander, mit so vielen Fenstern, dass man sie nicht zählen kann. Im Dorf sind alle Hütten ebenerdig und haben nur ein Luftloch, durch das man kaum den Kopf stecken kann.

Ravi stellt sich vor, dass die Menschen hinter den Fenstern zusammengepfercht sind wie die Hühner in den Kisten, in denen sie auf dem Bazar zum Verkauf angeboten werden. Diese Vorstellung ist für ihn nicht schrecklich. Hühner haben eine Kiste, Vögel ein Nest, die Menschen in den Dörfern eine Hütte und die in der Stadt ein Zimmer mit einem Fenster. Braucht man etwa mehr?

Der Vater läuft und läuft, als hätte er ein festes Ziel. Aber er hat keins. Schon bald fängt es wieder an zu regnen. Die Nacht ist hereingebrochen und der Monsun strömt gleichmäßig vom schwarzen Himmel.

Längst sind sie in Nebenstraßen abgebogen, wahllos, wie es gerade kommt. Der Vater guckt in Hausflure, sucht Kelleröffnungen und schützende Balkone. Doch in jedem Winkel, der noch trocken ist, kauern bereits Menschen. Ein Mann ist in eine Tonne gekrochen. Nur die Füße schauen noch heraus. Ein anderer hat eine Plane mit Bindfäden an einem Zaun befestigt. Ein bisschen Schutz findet er darunter. Eine siebenköpfige Familie hat sich mit Säcken und Wellblechstücken umgeben. Sie hocken dicht aufeinander. Es sieht aus, als seien sie unter einem Müllhaufen begraben.

Der Vater sucht weiter, wird immer langsamer. Seine Hoffnung und Kraft sind aufgebraucht. Die Mutter keucht, weil die Decken schwer sind von Nässe.

Ravi trottet durch den Regen hinter den Eltern her. Er sagt nichts, denkt nichts, hat weder Angst noch Mut. Diese Teilnahmslosigkeit hat er schon ein paar Mal gespürt. Im vergangenen Jahr, als die Ernte so schlecht war und er wochenlang den Hunger nicht los wurde, da war auch so ein leeres Gefühl in ihm. Es ist keine Verzweiflung. Die tut noch weh. Aber wenn nichts mehr da ist, so wie jetzt, dann tut auch nichts mehr weh.

Der Vater bleibt stehen und klopft an eine Tür. Sie ist verriegelt. Er läuft weiter, klopft an eine andere Tür, rüttelt daran.

Er läuft und klopft und rüttelt. Irgendwann ist eine

Tür nicht verriegelt. Der Vater schiebt sie langsam auf. Ein dunkler, enger Hausflur liegt dahinter.

Jetzt ist etwas Neues geschehen, eine kleine Veränderung nur, doch das reicht um sofort Angst und Hoffnung wieder zu wecken. Die Gedanken rasen den Ereignissen voraus und die Gefühle rasen mit. Ravi stöhnt leise.

Ein Mann kommt in dem dunklen Hausflur auf sie zu. Er hat eine Kerosinlampe in der Hand, die blendet.

»Namaste«, sagt er verwundert, aber nicht unfreundlich.

»Namaste«, grüßt der Vater zurück. »Der Regen – die Tür war offen. Wir sind erst vor zwei Tagen aus unserm Dorf gekommen, aus Radapur. Wir wissen nicht, wohin heute Nacht.«

Viele Inder, die ein sicheres Einkommen haben, kapseln sich innerlich ab von der Not der Obdachlosen. Die Götter verteilen nun mal die Gaben ungleich. Man muss es nehmen, wie es kommt. Doch Mitleid verbuchen die Götter gnädig. Man kann damit ein gutes Karma für das nächste Leben erwerben.

Dieser Mann hat Mitleid. Er öffnet eine andere Tür am Ende des Flures. Sie führt in einen Hof. Es ist mehr ein Luftschacht und teilweise überdacht. Hier steht allerhand Gerümpel, Abfallkübel, Brennholz und dazwischen ein ausgeleiertes Shaboi. Auf dieser Liege haben sich drei Affen niedergelassen. Der Mann verscheucht sie. Heute Nacht dürfen die Eltern und Ravi darauf schlafen.

Trotz des Regens ist die Luft noch immer warm. Sie

brauchen die triefnassen Decken nicht. Über ihnen ist ein Dach, das genügt. Sie drängen sich aneinander, wie sie es gewohnt sind von zu Hause, von der engen Hütte in Radapur. Für ein paar Stunden fühlen sie sich geborgen.

Aber es wird auch wieder Tag und es regnet noch immer. Es schüttet wie aus Kübeln, prasselt auf das Dach und verwandelt den engen Hof in einen See, auf dem Latten und Plastikbehälter schwimmen. Eine Maus trägt ihr Junges im Maul. Aufgeregt sucht sie ein neues Versteck. Ihr Loch läuft voll Wasser.

Es wird nun vier bis fünf Monate regnen, mal stärker, mal schwächer. Aber kein Tag wird ganz trocken sein. Auf den Feldern ruht die Arbeit während der Zeit des Monsuns. Und in der Stadt? Ravi mag gar nicht daran denken.

Als es schon eine Weile hell ist und die Geräusche der Großstadt sich zu einem gleichmäßigen Rauschen vermischen, kommt der Mann wieder. Er hat eine Schüssel Reis mitgebracht und einen Krug Wasser. Die Mutter lächelt dankbar. Sie kann nicht kochen. Alles ist nass.

Der Vater sieht eingefallen und grau aus im Gesicht. Seine Kleidung ist verschmutzt. »Wo kann man wohl Arbeit finden?«, fragt er. »Die Fabriken, von denen in den Dörfern erzählt wird, wo sind denn diese Fabriken?«

Der Mann macht eine unbestimmte Geste, die überallhin weist. »Fabriken gibt es viele, aber man muss sich auskennen«, sagt er. »Unzählige Arbeitslose, die schon lange in Neu-Delhi leben, lauern auf jeden Platz, der frei wird. Und täglich ziehen weitere Menschen aus der Umgebung zu. Der Strom der Landarbeiter in die wenigen Großstädte reißt nie ab. Versucht es doch erst mal bei den Blechhandwerkern. Hier, die Straße entlang, kommt ihr in das Viertel der Schmiede, Schweißer und Schrotthändler. Das Gehämmer ist gar nicht zu überhören. Vielleicht, mit ein bisschen Glück . . .«

Er spricht den Satz nicht zu Ende. Es ist nur ein Vorschlag, freundlich gemeint, nichts weiter.

Aber dem Vater macht das Mut. Er lässt sich den Weg zeigen. Jetzt hat er wenigstens eine Richtung, in die es sich lohnt zu gehen.

Im Viertel der Blechhandwerker ist lebhafter Betrieb. Nur Männer arbeiten hier. Einige flicken Töpfe, die ein Loch haben. Sie feilen Roststellen blank, löten abgebrochene Henkel an. Andere biegen Eisen, das sie zuerst ins Feuer halten, bis es rot glühend ist. Dann formen sie daraus Gitter, Haken und kunstvoll gedrehte Stangen. Ein Junge sitzt vor einem Haufen verbogener Fahrradspeichen. Er hämmert sie wieder gerade.

»Schöne Arbeit«, sagt Ravi zu dem Jungen. »Das könnte mir auch gefallen.«

Der andere guckt genauso abweisend, wie Ravi das schon bei dem Erdnussjungen erlebt hat. »Nichts zu machen! Das ist mein Job. Wenn ich es nicht schaffe, hilft mir mein Bruder oder mein Vetter.«

»Schon gut. Hab's ja nur so gesagt«, nuschelt Ravi.

Der Junge lächelt erleichtert. Dann fällt ihm etwas ein. »Der Altwarenhändler war eben hier. Er sucht jemanden zum Abladen von seinem Karren. Auf der anderen Straßenseite, gleich hinter der Kupferschmiede, seht ihr ein großes blaues Tor. Da hat er sein Lager.«

Der Vater hat zugehört. »Stimmt das, was du sagst, Junge?«

Aus dem hinteren Teil der Werkstatt kommt ein Mann. Er hat ein gewaltiges Doppelkinn und einen ebenso gewaltigen Bauch. Der Wanst quillt über die Hose, die von Ruß und Schmiere völlig durchtränkt ist. Sein Oberkörper ist nackt. Um den Hals trägt er eine breite goldglänzende Kette. Ravi erkennt auf den ersten Blick, dass der Dicke hier der Chef ist.

»Namaste«, grüßt der Vater und geht ein paar Schritte näher. »Wir suchen Arbeit, mein Sohn und ich. Wir sind hartes Zupacken gewöhnt, vom Land her.«

Der fette Chef zieht eine Schachtel Zigaretten aus der Hosentasche. Es ist dieselbe Marke, wie sie auch der Patron raucht. Filterzigaretten mit englischer Aufschrift auf der Packung. So etwas beeindruckt Ravi sehr.

Während der Mann sich aus seinem Päckchen bedient, schaut er gleichgültig über den Vater und Ravi hinweg. Die Mutter wartet abseits mit dem Gepäck. Genüsslich lässt der Dicke den Rauch aufsteigen. Auf den Gruß antwortet er nicht. Er spricht überhaupt nicht mit dem Vater. Aber er gibt dem Jungen einen Wink. »Bring die Leute zu meinem Schwager. Sag ihm, dass ich dich schicke.« Dann dreht er sich um und verschwindet wieder nach hinten.

Ein echter Chef! Der Junge strahlt. »Was habe ich euch gesagt? Der Altwarenhändler ist der Schwager von meinem Chef. Die beiden wissen, wie man Rupien macht. Das könnt ihr mir glauben.«

Er kommt sich wichtig vor und will zeigen, dass er in der Straße Bescheid weiß. Solchen Neuankömmlingen gegenüber fühlt er sich stark.

»Feine Arbeit, die du hast«, nimmt Ravi das Gespräch wieder auf. »Da hast du mächtig Glück gehabt. Verdienst du gut?«

»Na ja«, der Junge macht eine großspurige Geste. »Man kommt zurecht. Fürs Kino einmal die Woche reicht es immer. Obwohl der Chef mich oft wegschickt. Der arbeitet nur, wenn er Lust hat.«

»Und was machst du dann?«, will Ravi wissen.

»Mal dies, mal das. Ich kenne mich hier aus und habe meine Beziehungen. Verstehst du?«

Ravi brummt zustimmend. Der Junge gefällt ihm. Jede Woche ins Kino, und eine Hose trägt er auch. Hemd und Hose sind kein bisschen geflickt. So etwas fällt Ravi gleich auf.

Der hat bestimmt schon lange keinen Hunger mehr gehabt, überlegt er. Wer sich eine richtige Hose leisten kann wie ein Engländer, der lebt auch wie ein Engländer. Und das bedeutet, er ist wohlhabend. Nein, es bedeutet mehr. Engländer sind Fremde und Fremde sind alle reich. Jedenfalls nach Ravis Meinung.

Das blaue Tor, von dem der Junge gesprochen hat, ist in eine hohe Mauer eingelassen. Es ist mit einem Spitzbogen verziert und hat eine Nische für eine Götterfigur. Die Nische ist allerdings leer und die blaue Farbe verwittert. Irgendwann muss das mal prachtvoll gewesen sein. Darunter liegt ein Hof, der überquillt von ramponierten Autotüren, Kotflügeln und verbeulten Behältern aller Art. Zwischen dem Schrott steht ein anderer Chef und zeigt gerade einem jungen Mann, was er mit einer Blechschere zerkleinern soll.

Er hat auch Arbeit für den Vater und Ravi. Als er hört, dass sie keine Bleibe haben, darf die Mutter ihr Bündel in einer Ecke ablegen. Es ist nass dort. Aber wo ist es nicht nass bei dem großen Regen?

9. Kapitel
Ein Röhrchen mit Braunem Zucker

Der junge Mann heißt Faroog. Der Vater und er zerschneiden mit langstieligen Scheren Altmetall. Ravi soll erst einen Handwagen entladen und danach die zerkleinerten Stücke darauf stapeln.

Die Mutter hängt die Decken zum Trocknen unter ein Wellblechdach. Leinen sind da keine, aber spitzes, rostiges Gerümpel. Sie weiß sich zu helfen. Als ein besonders heftiger Guss niedergeht, holt sie ein Stück Seife aus ihren Vorräten und reibt damit ihren Sari ein. Dann stellt sie sich in den Regen und lässt so die Seife wieder ausspülen. Ein zweites Gewand zum

Wechseln besitzt sie nicht. Zu Hause hat sie es auf ähnliche Weise am Brunnen gemacht. Der dünne Stoff trocknet schnell am Körper.

Sie weiß sich zu helfen.

Seit es regnet, schwärmen die Moskitos aus allen Löchern und Ritzen. Jetzt greifen sie auch am Tage an und saugen sich voll Blut. Im Winter verschwinden sie wieder.

Aber das dauert noch lange.

Am frühen Nachmittag sind alle Bleche zerschnitten und der Wagen ist voll beladen. Der Schrotthändler zahlt Faroog zehn Rupien. Der Vater bekommt fünfzehn, zehn für seine Arbeit und fünf für Ravis. Morgen gibt es nichts mehr zu tun. Vielleicht nächste Woche wieder.

Faroog guckt grimmig. »Ausbeuter, Halsabschneider, Leuteschinder!«, schimpft er. »Ein Hungerlohn für so eine Schufterei.« Aber er getraut sich das erst zu sagen, als sie schon wieder auf der Straße sind. Der Schrotthändler kann es nicht mehr hören.

»Morgen gehe ich zur Eisenbahn. Bei dem Wetter gibt es an den Gleisen genug zu tun«, sagt Faroog. »Das ist auch Knochenarbeit, wird aber besser bezahlt.«

»Kann ich mitkommen?«, fragt der Vater. Er hat sich gut mit Faroog verstanden. Er hat von Radapur erzählt und von dem Patron. Bei besonders sperrigen Stücken haben sie sich gegenseitig geholfen. Das hat geklappt, als ob sie schon lange zusammen arbeiten würden.

Faroog überlegt und wiegt den Kopf. »Wir können

es beide versuchen«, willigt er ein. »Ich kann zwar nichts versprechen, aber ich kenne einen, der die Arbeiterkolonnen zusammenstellt. Der hat fortschrittliche Ansichten, der will was verändern für die Armen.«

Der Vater legt Faroog dankbar den Arm um die Schultern. »Wo treffen wir uns? Ich weiß noch nicht, wo wir heute Nacht schlafen. Wir haben doch keine Bleibe.«

Faroog überlegt wieder. »Ihr seid noch mieser dran als ich. Bei mir zu Hause ist nicht viel Platz, aber für eine Nacht geht es schon. Kommt mit.«

Faroog wohnt in einer Einraumwohnung. Es gibt viele davon in den indischen Städten. Man muss regelmäßig Miete bezahlen. Faroogs Frau hat einen festen Arbeitsplatz. Sie muss für die Miete aufkommen, er für alles andere.

Die Wohnung hat kein Wasser und keine Toilette, aber elektrisches Licht. Sie liegt in einer schmalen Gasse, in der ein großer Block solcher Behausungen aufragt. Dahinter liegt ein zweiter Block und dazwischen ist ein Hof. Auf dem Hof gibt es eine gemeinsame Wasserstelle für die vielen Familien und mehrere Toiletten nebeneinander. Morgens stehen hier erst die Frauen Schlange, danach die Männer. Es gibt keine Wasserspülung. Der Unrat fließt in eine Rinne, die meistens verstopft ist.

In manchen Einraumwohnungen sind acht oder noch mehr Personen zusammengepfercht. Trotzdem, wer hier untergekommen ist, gehört nicht mehr zu den ganz Armen, der hat schon ein richtiges Dach über dem Kopf. Wer hier wohnt, hat ein Zuhause.

Faroogs Frau heißt Mirjam. Sie haben ein neun Monate altes Kind. Tagsüber, wenn Mirjam in einer Aluminiumfabrik arbeitet, versorgt eine Nachbarin das Kind.

Mirjam lächelt, als ihr Mann Besuch mitbringt. »Namaste«, grüßt sie freundlich.

In dem viereckigen Raum, aus dem diese Wohnung besteht, liegen drei Matten auf dem Boden. In einer Ecke steht ein Regal, auf dem die notwendigen Dinge zum Kochen gestapelt sind. An den Wänden hängen ein paar Kleidungsstücke und Handtücher. Dann gibt es noch einen runden Tisch, der so niedrig ist, dass man auf dem Fußboden davor sitzt.

Die Mutter und Mirjam verstehen sich sofort gut. Sie gehen gemeinsam einkaufen. Viel ist es nicht, was sie für die paar Rupien bekommen, die ihre Männer verdient haben. Aber sie legen das Geld zusammen und dann reicht es für einen Gemüseeintopf und ein bisschen Milch. Die Mutter steuert noch Ghee bei und Mirjam gemahlenen Weizen.

Im Hof, unter einem Dach aus Planen und Brettern, versammeln sich die Frauen mit ihren kleinen, runden, tragbaren Öfen. In den Wohnungen gibt es keinen Abzug für den Rauch, deshalb kochen sie lieber draußen. Sie stehen zusammen, schwatzen, lachen und gucken sich gegenseitig in die Töpfe. Scharen von Kindern wuseln um sie herum.

Die meisten Familien, die hier wohnen, sind Hindus.

Sie verehren dieselben Götter wie Ravi und die Eltern, vor allem Shiva. Mirjam und Faroog sind Moslems. Sie glauben an Allah und Mohammed. Aber Faroog glaubt an gar keinen Gott mehr. Er glaubt an die Revolution.

»Überall auf der Welt, wo es heute Wohlstand für alle gibt, haben die Arbeiter und Obdachlosen erst ihre Rechte erkämpfen müssen. Von selbst geben die Reichen nichts ab«, erklärt er dem Vater. »Und die Priester bei uns tun auch nichts für die Gerechtigkeit. Oft schüren sie sogar den Hass unter den verschiedenen Religionsgruppen. Dadurch wird vieles noch schlimmer. In Indien leben Hindus, Moslems, Buddhisten, Sikhs und Christen. Alle haben Hunger und alle brauchen ein Dach. Ohne Revolution wird in Indien nie etwas besser.«

Ravi hört zu. Auch im Dorf haben die Männer geschimpft, auf den Patron, auf die Beamten, die man mit Geld bestechen muss, bloß damit sie einen Stempel auf ein Stück Papier drücken. Sie haben auf die Polizei geschimpft und immer wieder auf die Politiker. Sie haben ganz erregt und laut diskutiert, was man alles ändern müsste. Aber es hat sich nie etwas geändert.

»Wir sind selber schuld, wenn wir uns ausbeuten lassen!« Faroogs Augen funkeln vor Zorn. »Stell dir mal vor, wenn die Millionen Obdachlosen in dieser Stadt sich versammeln würden zu einem Protestmarsch auf das Regierungsgebäude, was dann los wäre! Aber was tun wir? Wir tragen ergeben unser Los, trotten mit hängendem Kopf durchs Leben wie die heiligen Kühe.«

»Ja, ja, der Meinung bin ich auch«, erwidert der Vater. »Ich wäre schon dabei, auf so einem Marsch. Aber wenn der Hunger dann kommt, muss ich Arbeit suchen. Vom Protestieren werde ich nicht satt. Wenn du nie gelernt hast zu fordern, dann weißt du gar nicht, wie man so etwas macht. Dann träumst du immer nur von der großen Revolution und je mehr dir der Magen knurrt, umso mehr träumst du.«

Sie reden sich die Köpfe heiß.

Die Mutter und Mirjam sind hinausgegangen und spülen das Geschirr im Hof. Ravi hat sich auf dem Fußboden ausgestreckt und schläft bald ein. Das laute Debattieren stört ihn nicht.

Erst in der Nacht wacht er wieder auf. Der Vater hustet. Es ist ein vertrautes Geräusch. Ravi denkt an Radapur, an die Hütte, in der es so eng war wie in diesem Raum. Er denkt an Gulab, den Angeber. Bestimmt erzählt er jetzt überall, dass Ravi sein bester Freund sei und dass der gerade reich wird in der großen Stadt.

In der Ferne grummelt ein Gewitter. Der Regen rauscht gleichmäßig vor dem Fenster. Ravi lauscht auf die Geräusche der Nacht und schläft darüber wieder ein.

Das Frühstück ist köstlich. Ein wahres Festessen. Chapati und Reis, danach Früchte. Anschließend Shai mit viel Zucker. Ravi isst, bis er Bauchweh kriegt. Aber richtig glücklich ist er trotzdem nicht. Eine prickelnde, angespannte Stimmung liegt in der Luft, die gar nicht zu diesem herrlichen Frühstück passt. Die Mutter wischt sich unauffällig eine Träne weg. Mirjam macht dauernd bissige Bemerkungen zu Faroog. Überhaupt, wie die mit ihrem Mann redet! Das würde sich die Mutter nie erlauben. Aber Faroog ist darüber nicht böse.

»Wenn ich gut an den Gleisen verdiene, bringe ich einen Radiorekorder mit«, verspricht er Mirjam. »Außerdem komme ich nach Hause, wenn wir in der Nähe arbeiten und bringe dir Geld.«

Mirjams Gesicht hellt sich trotz dieser guten Aussicht nicht auf. »Beim letzten Mal bist du zwei Monate fort gewesen und nie zwischendurch nach Hause gekommen«, schreit sie.

Ravi horcht auf. »Zwei Monate? Wo sind denn die Gleise?«, fragt er.

»Du musst dir das so vorstellen«, erklärt Faroog. »Kolonnen von Männern wandern mit Hacken und Schaufeln an den Eisenbahnstrecken entlang und bessern Schäden aus, die der Regen verursacht hat. Steine müssen aufgeschüttet und Dämme befestigt werden. Die Wassermassen unterspülen die Schienen. Die Männer sind Wochen oder sogar Monate unterwegs. Sie schlafen an der Strecke, wo sie gerade arbeiten. Aber wenn sie zurückkommen, haben sie die Taschen voller Geld.«

»Übertreib nicht so«, schimpft Mirjam, »im vergangenen Jahr war davon schon nach wenigen Wochen nichts mehr übrig.«

»Und wo bleiben wir?«, schreit Ravi noch lauter als Mirjam. »Mataji und ich? Das Baby kommt doch auch bald!«

Der Vater verschüttet Shai, als er sich aus dem heißen Kessel nachschenkt. »Ihr dürft bei Mirjam wohnen. Hier seid ihr wunderbar aufgehoben, viel bequemer als ich da draußen im Regen.«

»Stimmt das?« Ravi schaut Mirjam fragend an.

»Schön und gut, ihr könnt hier wohnen, aber für Essen und was wir sonst noch brauchen, musst du sorgen. Mein Lohn reicht nur für die Miete. Hoffentlich werden nicht plötzlich Frauen in der Fabrik entlassen. Das wäre nicht das erste Mal.«

»Ich soll für Essen sorgen? Wie denn?« Ravi beginnt zu schluchzen. »Pitaji, nimm mich mit an die Gleise.«

Der Vater hustet. Er räuspert sich. »Du bist zu jung. Kinder nehmen sie nicht, hat Faroog gesagt. Außerdem musst du dich um deine Mutter kümmern. Es wird schon gehen. – Irgendwie.«

Mirjam bringt das Baby zur Nachbarin. Sie muss pünktlich sein in der Aluminiumfabrik. Der Vater und Faroog brechen nun auch auf ohne noch viele Worte zu machen. Als sie fort sind, geht die Mutter in den Hof und spült das Geschirr.

Ravi hockt allein in einer Zimmerecke. Er zieht die Knie bis unter das Kinn und starrt die Wand an. Wenn er nur mit jemandem reden könnte! Selbst der blöde Gulab wäre jetzt besser als gar keiner. Oder der greise Swami. Ja, zu dem würde er am liebsten gehen. Der Baba wusste immer einen Rat. Oder der Vater. Aber der ist nun auch fort.

Ravi wischt die Tränen weg, die einfach so laufen, ohne dass er es will. Geld verdienen soll er, nicht nur für die Mutter und sich selbst, sondern auch noch für Mirjam und den kleinen Nasir.

Wenn er doch Ashok treffen würde! Jetzt, in diesem Augenblick! Der könnte ihm helfen. Jeden Tag radelt Ashok mit seiner Riksha durch die Gegend. Da muss man ihn doch mal sehen, wenn es der Zufall will oder die Götter.

Ravi hält es nicht länger in der stillen Wohnung aus. Alleinsein ist ihm unheimlich. Er läuft auf die Gasse. Dort wimmelt es von Männern, Frauen und Kindern. Sie schieben sich aneinander vorbei, zu Fuß oder auf Fahrrädern. Auch Rikshas sind schon unterwegs. Aber keiner der Fahrer hat den vorwitzigen Schnurrbart von Ashok. Ein Ochsenkarren, hoch mit Bambusstangen beladen, nimmt die ganze Breite der Gasse ein. Ravi ist sicher, dass der gleich stecken bleibt. Aber er schafft es irgendwie und biegt dann in die Straße der Blechschneider ein, die etwas breiter ist.

Es wird schon gehen – irgendwie –, hat der Vater gesagt. Ravi seufzt. Eigentlich war es auch in Radapur nicht anders. Nie wusste man, was der nächste Tag bringen würde oder der übernächste. Aber das Leben ging trotzdem weiter – irgendwie.

Ravi bummelt an den Handwerkerständen vorbei. Nach Arbeit fragt er erst gar nicht. Er glaubt heute nicht an sein Glück. Er guckt sich nur an, wie andere ihr Geld verdienen.

Auf dem bröckeligen Mauervorsprung eines Hauses fällt ihm eine Krähe auf. Sie hackt in das morsche Gestein, aus dem Blumen sprießen. Ravi lehnt sich gegen einen Pfahl, an dem die Stromleitungen aus den umliegenden Häusern zusammenlaufen. Er sieht der Krähe zu. Auf den Stromkabeln schilpen Spatzen. Vögel finden überall, was sie zum Leben brauchen, denkt Ravi. Und das tröstet ihn ein wenig.

Vögel beobachten kann Ravi stundenlang. Darüber vergisst er sich selbst. Die Gedanken kreisen nicht mehr um die eigene Not. Unter den Spatzen gibt es schüchterne und freche. Manche flattern heran, schimpfen und hacken mit dem Schnabel um sich. Andere hüpfen zur Seite oder fliegen kampflos davon und zwitschern trotzdem.

Ravi ist ganz vertieft, als ihn ein Mann anspricht. Der ist gut gekleidet und hat blitzende Ringe an den Fingern. Ravi gehört zu denen, die sich vertreiben lassen. Er wendet sich ab und geht weiter.

Aber der Mann hat etwas ganz anderes im Sinn. »He, warte mal. Wo wohnst du?«, fragt er.

Ravi wundert sich über diese Frage. »Ich weiß nicht«, sagt er verlegen. »Eigentlich wohne ich nirgends.«

Der Mann zieht zwei Zehnrupienscheine aus der Tasche. »Für dich!« Er grinst. »Du brauchst gar nicht viel dafür zu tun.«

Will der sich über ihn lustig machen? Der Mann ist freundlich, aber da ist ein Ausdruck in seinem Gesicht, der Ravi unangenehm ist. Zwanzig Rupien verschenkt niemand.

»Wenn du keine Lust hast, dann eben nicht.« Der Mann spuckt verächtlich auf die Straße. »Siehst du die

Kleine da drüben, die das nackte Baby auf der Hüfte trägt? Die hilft mir auch manchmal. Sie ist nicht feige.«

»Ich bin auch nicht feige«, protestiert Ravi. »Ich weiß doch gar nicht, was ich machen soll.«

Der Mann grinst wieder auf diese unangenehm freundliche Weise. »Nur ein kleiner Auftrag! Ein Junge wie du braucht immer Geld. Das kenne ich schon und ich bin kinderlieb. Ich habe Medizin für einen Freund besorgt. Du sollst sie ihm bringen, weil ich keine Zeit habe.«

»Klar, das mache ich sofort.« Ravi unterdrückt alle Bedenken. So eine Gelegenheit, Geld zu verdienen, kommt bestimmt nicht oft. »Muss ich weit laufen?«

»Gar nicht weit.« Der Mann zeigt die Straße hinunter und seine Ringe blitzen vor Ravis Augen. »Wenn du hier lang gehst, kommst du an einen Platz mit einem Denkmal in der Mitte. Genau dahinter liegt ein Hotel. Du kannst es gar nicht verfehlen. Dort gibst du die Medizin ab.«

»Mach ich«, sagt Ravi forsch. »Ich gehe sofort los.«

Der Mann mustert ihn jetzt wie der strenge Lehrer damals, wenn er mit verdreckten Kleidern in die Schule kam. »Dann hör gut zu«, sagt er nun auch noch in so einem Lehrerton. »Du fragst, ob Herr Mumtash Wäsche waschen will. Die Wäscherei schickt dich.«

Ravi versteht nicht, was das plötzlich soll. »Ich denke, ich soll Medizin . . .«

»Halt's Maul!«, unterbricht ihn der Mann scharf. »Du machst alles genau so, wie ich es dir sage. Hast du das kapiert?«

Ravi zuckt zusammen. Der Mann hat alle Freundlichkeit verloren. Der ist nicht kinderlieb, der ist unheimlich. »Ich frage, ob Herr Mumtash Wäsche zu waschen hat. Die Wäscherei schickt mich«, murmelt Ravi.

»Na also!« Der Mann setzt schon wieder sein Grinsen auf. Aber jetzt lässt Ravi sich davon nicht mehr täuschen. Er soll etwas Verbotenes tun. Deshalb zahlt der auch so gut.

»Wenn Herr Mumtash zu dir sagt: ›Die grünen Hemden waren nicht sauber‹, dann gibst du ihm das hier.« Er zieht aus seiner Hemdtasche zwei dünne Röhrchen und lässt sie sofort wieder verschwinden. »Das darf niemand beobachten, verstehst du? Sei also vorsichtig. Wenn Herr Mumtash diesen Satz nicht sagt, bringst du die Ware zurück. Ich hoffe, du bist geschickt und machst keine Fehler.«

»Verstanden, das kriege ich schon hin«, versichert Ravi ohne aufzublicken. »Und feige bin ich auch nicht.«

»Dann komm mit!« Der Mann zieht Ravi in einen Hauseingang. Dort steckt er ihm die Röhrchen zu.

Ravi zögert. Das Zeug sieht wirklich wie Medizin aus, aber es wird eine Droge sein. Er hat davon gehört, zu Hause in Radapur, dass in den großen Städten auch solche verbotenen Sachen gehandelt werden.

»Was starrst du wie ein neugeborenes Kalb?« Der Mann gibt ihm einen leichten Schubs. »Noch nie was von Braunem Zucker gehört, was? Nun tu bloß nicht so, als seist du gerade vom Mond gefallen. An allen

Ecken wird der Stoff gehandelt. Ich sage dir doch, es ist Medizin. Wenn du deine Sache gut machst, kriegst du hinterher das Geld. Zwanzig Rupien! Ich halte mein Wort.«

Ravi steckt die Röhrchen in sein Hemd. Er fühlt sie an der Haut und legt die Hand darüber, damit sie ihm ja nicht herausrutschen. Sein Magen zieht sich zusammen. Dabei hat er im Augenblick gar keinen Hunger.

Den Platz mit dem Denkmal findet Ravi ohne Schwierigkeiten. Nur, woran erkennt man ein Hotel? In Radapur gibt es so etwas nicht und an der Straße, wo der Patron wohnt, auch nicht.

Ravi schaut sich die Häuser der Reihe nach aufmerksam an. Über einer Tür sieht er ein Schild in englischer Schrift. Wenn er nur lesen könnte! Auch an anderen Häusern sieht er Schilder, kleinere und meistens mit Hindibuchstaben beschrieben. Er könnte jemanden fragen. Der Taxifahrer dort drüben weiß bestimmt, was ein Hotel ist. Aber Ravi möchte nicht auffallen.

Die Röhrchen kleben an seiner Haut. Er will sie loswerden. Langsam nähert er sich dem Haus mit der englischen Schrift über dem Eingang. Die Tür steht offen. Ravi sieht einen älteren Mann, der an einem hohen Tresen steht und telefoniert. Das muss ein Hotel sein! Wer hat denn sonst schon ein Telefon? Ravi wartet, bis er den Hörer auflegt, dann huscht er hinein und sagt schnell: »Ich suche Herrn Mumtash. Die Wäscherei schickt mich.«

Ravi wagt kaum zu atmen. Wenn er hier nun doch

falsch ist, was dann? Er braucht eine gute Ausrede. Oder soll er einfach wegrennen, so schnell er kann?

Der Mann verzieht keine Miene. Er blickt über Ravis Kopf hinweg nach draußen. Dabei streckt er die Hand aus. »Wir lassen nicht mehr bei euch waschen. Die grünen Hemden waren nicht sauber. – Los los, nun mach schon!«

Ravi legt die Röhrchen in die entgegengestreckte Hand. Dann dreht er sich um. Nichts wie weg! Es ist alles gut gegangen. Er hat zwanzig Rupien verdient. Viel Geld für ein bisschen Herzklopfen.

So schnell er kann, kehrt er in die Straße der Blechschneider zurück. Er findet den Hauseingang, in dem ihm der Mann die Ware zugesteckt hat. Aber da ist niemand. Ravi schaut die Straße hinauf und hinunter. Der Mann mit den blitzenden Ringen ist nirgends zu sehen.

Mit einem Mal friert Ravi. Den ganzen Morgen hat es ihm nichts ausgemacht, dass seine Kleider nass vom Regen waren. Aber jetzt kriecht ein so mieses, kaltes Gefühl seinen Rücken hinauf, dass es ihn schüttelt.

Alle Aufregung war umsonst. Der Kerl hat ihn angelogen, hat ihn ausgenutzt und lacht jetzt bestimmt auch noch über so viel Dummheit. Ravi hockt sich in den düsteren Gang. Es stinkt nach feuchtem Kalk, nach Hundepisse und Schimmel. Was war er für ein Idiot! Er hätte das Geld verlangen müssen, zusammen mit diesem Teufelszeug.

Da spritzt im hohen Bogen ein blutroter Strahl von

einem ausgekauten Pan vor seine Füße. Eine Hand packt ihn an der Schulter. Ravi sieht die Ringe blitzen und springt auf. »Alles klar«, versichert er schnell.

Der andere tut so, als ob ihn das gar nicht interessiere, als hätte er das schon vorher gewusst. »Bis zum nächsten Mal«, sagt er beiläufig. »Du findest mich hier in der Gegend, wenn du mal wieder etwas verdienen willst. Ich habe viele Freunde, die Medizin brauchen.«

Er lässt zwei Geldscheine vor Ravi auf den Boden fallen. Mitten in die blutrote Spucke. Dann ist er weg.

10. Kapitel
Eine Hose auf Bestellung

Ravi erfindet für die Mutter eine Geschichte von einem netten Wäschereibesitzer. Die Wahrheit kann er nicht sagen, die kennt er nicht einmal. Er hat nur Vermutungen. Doch auch darüber will er lieber nicht mit der Mutter reden. Vielleicht findet er schon morgen eine ehrliche Arbeit oder übermorgen. Und dann spuckt er dem Mann mit den blitzenden Ringen auch einen Schwall Betelsaft vor die Füße.

Die Mutter freut sich und glaubt Ravi jedes Wort. Sie dankt Shiva für seine Hilfe. Ravi hat ein schlechtes Gewissen. Muss sie denn alles gleich Shiva mitteilen? Manches müssen die Götter nun wirklich nicht wissen. Er würde gern mit dem greisen Swami über die Sache reden. Aber der Dorfheilige ist weit fort. Auch der Vater ist weg. Und Mirjam hat eine andere Religion. Sie kennt sich nicht aus mit den Hindu-Gottheiten.

An diesem Abend nimmt Ravi sich vor keine Röhrchen mehr zu befördern. Doch am nächsten Morgen ist kein Geld mehr da und zufällig trifft er den Mann mit den blitzenden Ringen wieder. Auch diesmal hat er schnell zwanzig Rupien verdient.

Der Mann hat noch mehr Kunden als nur Herrn Mumtash. An guten Tagen verdient Ravi vierzig Rupien, einmal sogar sechzig. Es ist leichte Arbeit. Nur ein bisschen Herzklopfen. Trotzdem fühlt Ravi sich nicht wohl dabei. Er hat Angst vor der Polizei. Außerdem will die Mutter dauernd wissen, ob sie nicht auch in der Wäscherei arbeiten kann. Waschen ist schließlich Frauensache. Jeden Tag muss Ravi sich eine andere Ausrede einfallen lassen.

Es kommt vor, dass der Mann sich mehrere Tage hintereinander nicht blicken lässt. Dann fragt Ravi in den Werkstätten nach Arbeit. Nur selten hat er Glück. Aber nie bekommt er zwanzig Rupien ausgezahlt, egal wie schwer er schuften muss.

Wenn doch endlich der Vater zurückkäme! Mirjam sagt, je länger er fortbleibe, umso mehr Geld bringe er mit. Sie freut sich jetzt auf den Radiorekorder, den Faroog ihr versprochen hat. Einen neuen Sari will sie sich auch kaufen. Sie hat einen blauen gesehen mit Goldfäden am Saum. Der Händler hat ihn für sie zurückgelegt, bis Faroog nach Hause kommt und genügend Geld mitbringt.

Die Mutter bräuchte auch einen neuen Sari und Ravi möchte sich eine Hose kaufen. Hier in der Stadt tragen die Jungen kein Hüfttuch. Aber das Geld, das Ravi herbeischafft, reicht gerade für das tägliche Essen, für ein Stück Seife und Brennmaterial. Jetzt, wo man keinen trockenen Stock mehr findet, haben die Kuhmistbäcker die Preise erhöht.

Im Hof lernt Ravi andere Kinder kennen. Einige gehen zur Schule, doch die meisten müssen Geld verdienen wie er. Ein besonders dunkelhäutiger Junge ist da, den nennen alle nur Bengali. Er kommt aus einer Provinz, die Bengalen heißt. Er spricht nur schlecht Hindi. Außerdem hat er auch noch einen Sprachfehler und stottert. Neben den Latrinen im Hof hat er sich einen Verschlag aus Plastikplanen und Lumpen gebaut. Er lebt allein. Niemand hat je von seiner Familie gehört.

Der Bengali haut schnell zu und verschafft sich damit Respekt. Aber er tut sich auch noch anders hervor. Er hat ständig etwas zu verkaufen. Mal sind es Süßigkeiten, mal Zigaretten oder bunte Kunststoffarmreifen, die ihm die Mädchen abhandeln. Eine Frau hat bei ihm einen Nasenring gekauft. Einmal kam Ravi dazu, wie er ein Taschenmesser anbot. Am nächsten Tag war es eine Fahrradklingel. Kein Kind im Hof besitzt ein Fahrrad, trotzdem wollten viele die Klingel haben. Der Bengali kann gut feilschen, obwohl er einen Sprachfehler hat. Woher er die Sachen bekommt, sagt er nicht.

Aber Mirjam sagt es: »Er ist ein Dieb.«

»Hat er keine Angst, dass er erwischt wird?«, fragt Ravi.

Mirjam zuckt mit den Schultern. »Sie haben ihn erwischt. Fast ein Jahr war er verschwunden. Die Polizei hat ihn in ein Haus für verwahrloste Kinder gesteckt. Wie man ehrliche Arbeit findet, konnte ihm keiner beibringen in diesem Heim. Er ist ausgerissen. Als er zurückkam, stotterte er noch mehr als vorher.«

Ravi bewundert diesen Jungen. Er bewundert dessen Mut.

Wenn er seine Aufträge für den Mann mit den blitzenden Ringen erledigt hat, läuft er oft stundenlang durch die Gegend. Immer weiter traut er sich von der Gasse weg, in der er und die Mutter untergekommen sind. Er entdeckt Delhi.

An den breiten Straßen gibt es Läden so groß und vornehm wie Paläste. Alle Herrlichkeiten der Welt kann man in den Schaufenstern bewundern. Lederstiefel und goldene Sandalen, Motorroller, Farbfernseher, Teppiche, Schmuck, wie ihn Königinnen tragen, und Götterbilder, mit Edelsteinen umrandet.

Noch immer hat Ravi kein neues Shiva-Bild gekauft. Er hat es nicht vergessen, aber nie reicht sein Geld für ein Bild mit Rahmen und Glas davor, wie es für einen Gott angebracht wäre. Und seit Ravi die edelsteinbesetzten Kostbarkeiten gesehen hat, ist er ganz verzagt.

Vor den großen Geschäften hocken die Straßenhändler, deren Läden nur aus einer Kiste oder einem Korb bestehen. Wenn gerade ein Wolkenbruch niedergeht, ziehen sie sich in die Hauseingänge zurück. Ist der Guss vorbei, kommen sie wieder hervor und rufen ihre Waren aus. Dabei waten sie manchmal knöcheltief durchs Wasser. Ihre Körbe und Kisten heben sie auf den Kopf. Sie beschweren sich nicht, schlendern den ganzen Tag an den Läden der Reichen vorbei und hoffen, dass auch für sie ein paar Rupien abfallen.

Ravi denkt noch jeden Tag an Radapur. Er hat Heimweh, aber trotzdem möchte er nicht zurück. Im Dorf war er arm. Hier ist er auch arm, aber die Hoffnung, dass alles besser wird, die hat er nur hier.

Die Hose geht ihm nicht aus dem Sinn. Er wünscht sich nichts mehr, als endlich sein Hüfttuch loszuwerden. Manchmal, wenn er in den Straßen spazieren geht oder die Auslagen in den Schaufenstern bewundert, träumt er davon, dass er einen Besuch in Radapur macht. Natürlich in einer weißen langen Hose. Ganz lässig kommt er an, eine Zigarette im Mundwinkel. Gulab erkennt ihn erst auf den zweiten Blick und alle kommen angelaufen und bewundern ihn.

Ravi hat sich schon bei verschiedenen Händlern nach den Preisen für Hosen in seiner Größe erkundigt. Die billigste kostet einhundertzehn Rupien, die teuerste achthundert. Wie soll er jemals so viel Geld verdienen? Fünfunddreißig Rupien hat er nach und nach für sich behalten. Aber dafür gibt es nicht mal eine kurze Hose.

Ravi überlegt hin und her. Vielleicht könnte er den Bengali mal fragen. Nicht so direkt, nur ein paar Andeutungen. Er merkt dann schon, ob der andere darauf eingeht oder nicht.

Am nächsten Abend ist ein wildes Gedrängel um den dunkelhäutigen Jungen. Es dauert eine Weile, bis Ravi überhaupt so dicht an ihn herankommt, dass er sehen kann, was er diesmal anzubieten hat. Es ist ein Huhn, ein lebendes Huhn.

Ravi staunt. Wie kann einer nur ein Huhn klauen ohne erwischt zu werden? Das gackert doch und schlägt mit den Flügeln. Unter dem Hemd kann man es auch nicht verstecken, wie er das mit den Röhrchen macht.

Eine alte Frau ersteigert schließlich das begehrte Huhn. Sie nimmt es mit in die Einraumwohnung. Es soll erst Eier legen, bevor sie es schlachtet.

Nachdem das Geschäft abgewickelt ist, nähert sich Ravi dem Bengalen. »Schöne Hose hast du an. Die gefällt mir.« Der Bengali blickt abfällig auf Ravis Hüfttuch.

»Ja, ja, ich weiß. Ich wäre den Fetzen auch gern los. Aber ich habe nicht genug Geld für eine lange Hose. Die Händler sind unverschämt teuer. Kennst du vielleicht einen billigen Laden oder so?«

Der Bengali begreift sofort, was gemeint ist. »K'kommt d'rauf an.« Er macht seltsame Grimassen, als ob er unter großer innerer Anspannung stünde. »Wie viel?«

»Dreißig Rupien«, sagt Ravi. »Mehr habe ich nicht.«

Der andere macht wieder seine Grimassen und lässt Ravi einfach stehen.

Ravi läuft ihm nach. »Höchstens fünfunddreißig. Ich habe keinen richtigen Job, mein Vater ist nicht da und meine Mutter kriegt ein Baby.«

Den Bengali rührt das nicht. »F'fünfundfünfzig.«

Ravi schnappt hörbar nach Luft. »Woher soll ich so viel nehmen?«

Das ist nun wirklich nicht das Problem des Bengali. Er hat das Risiko. Unter fünfundfünfzig Rupien klaut er keine Hose auf Bestellung.

»Ich tu dir auch mal einen Gefallen. Vielleicht machst du es für fünfzig, und wenn mein Vater zurückkommt, bekommst du den Rest.«

Darauf läßt sich der andere ein.

Ravi ist froh, dass er so geschickt vorgegangen ist. Man muss immer handeln, bei jedem Kauf. Feste Preise gibt es nirgends.

»A-anzahlung!« Der Bengali hält die Hand auf. Ravi gibt ihm dreißig Rupien. Der Handel ist perfekt. Nur die Ware fehlt noch.

Ravi ist der ersten Hose seines Lebens ein ganzes Stück näher gekommen. Er stellt sich vor, wie schick er darin aussehen wird. Aber irgendwas stimmt nicht mit ihm. Statt voller Vorfreude pfeifend im Hof herumzuspazieren, hockt er da, an eine Mauer gelehnt und denkt an die kleine Schwester, die schon lange tot ist. Ravi erschrickt. Es ist nicht gut, wenn die Toten sich in die Gedanken der Lebenden schleichen. Er steht schnell auf. Dabei wird ihm schwindelig. Im Bauch spürt er ein unangenehmes Ziehen. Langsam geht er ins Haus.

In der Nacht wacht er mehrmals auf. Die Knochen tun ihm weh. Kein Wunder, auf dem harten Fußboden! Ob der Bengali auch ein Shaboi klauen kann? Das wohl nicht. Aber wenn der Vater zurückkommt, bringt er genug Geld mit um eine schöne, weiche Liege zu kaufen. Vielleicht bringt er auch ein Radio mit. Ein Radio voll Musik! Gibt es etwas Schöneres auf der Welt?

Ravi träumt, dass der Vater in der Tür steht und den alten Schal abbindet, den er meistens um den Kopf geschlungen trägt. Dabei rieseln Geldscheine auf den Boden. Zehn-, Zwanzig-, Hundertrupienscheine. Das ganze Zimmer liegt voll Geld, so bunt wie der Teppich in dem feinen Restaurant, in dem Ravi neulich nach Arbeit gefragt hat.

Er muss niesen und wacht auf. Schade, das war ein schöner Traum. Jetzt spürt er wieder seinen Rücken und Kopfschmerzen hat er auch.

Als es Morgen wird, gibt es keinen Zweifel mehr, ein böser Geist ist in seinen Körper eingedrungen. Ravi ist krank.

Mirjam zetert: »Steck mich bloß nicht an. Eine Krankheit kann ich mir nicht leisten. Wenn ich nicht in die Fabrik gehen kann, bekommt sofort eine andere Frau meinen Platz. – Und lass Nasir los!«

Mirjams kleiner Sohn sitzt auf Ravis Matte und will mit ihm spielen. Die Mutter passt jetzt tagsüber auf Nasir auf. Die Nachbarin ist froh, dass sie den lebhaften Jungen los ist. Sie hat selber sechs Kinder.

Ravi dreht sich zur Wand. Er friert und zieht sich die Decke über den Kopf. Er will nichts sehen und nichts hören.

Die Mutter bringt ihm schwarzen Tee ohne Milch

und Zucker. »Hier, trink! Tee ist Medizin. Du fühlst dich gleich besser.«

Aber Ravi fühlt sich gar nicht besser. Der Tee rumort in seinem Bauch. Er springt auf und rennt zu den Toiletten im Hof. Er hat wasserdünnen Durchfall. Die Monsunkrankheit hat ihn erwischt.

Durch den Regen platzen die Wasserrohre an vielen Stellen. Schmutz dringt in die Leitungen und damit Bakterien aller Art. Viele Menschen werden jetzt krank.

Mirjam kennt einen guten Medizinladen. Für die Mutter hat sie dort Tropfen gekauft, gegen die tränenden, juckenden Augen. Die Tropfen haben schon nach wenigen Tagen geholfen. Aber ohne Geld gibt es keine Medizin. Ravi hat bis auf fünf Rupien seine Ersparnisse dem Bengali gegeben. Ehe die Krankheit voll ausbricht, muss er rasch noch ein paar Röhrchen befördern. Danach kann er sich auf seine Matte legen und Mirjam bitten Medizin zu holen.

Ravi schleppt sich in die Straße der Blechhandwerker. Er fühlt sich ganz wackelig auf den Beinen. Zum Glück regnet es wenigstens nicht. Er braucht gar nicht lange nach dem Mann mit den blitzenden Ringen zu suchen. Ravi kennt dessen Gewohnheiten inzwischen, weiß, mit welchen Händlern er gern zusammenhockt und wo er seinen Shai trinkt.

Sie schlendern ein Stück nebeneinander her, dann holt der Mann den Braunen Zucker aus seiner Tasche. Als er Ravis feuchte, heiße Hand fühlt, stutzt er und nimmt die Röhrchen zurück. »Was ist mit dir? Bist du krank?«, fragt er.

»Nur ein bisschen.« Ravi versucht seine Stimme unbesorgt klingen zu lassen. »Es ist nicht schlimm.«

»Mit kranken Kindern arbeite ich nicht zusammen«, sagt der Mann und mustert ihn kritisch. »Die passen nicht auf. Bleib zu Hause, bis du wieder in Ordnung bist.«

»Nein, nein«, beteuert Ravi. »Ich mache nicht schlapp, bestimmt nicht. Ich brauche Geld, damit ich Medizin kaufen kann, dann geht es mir morgen schon wieder besser.«

Der Mann zögert, steckt ihm aber schließlich doch die Röhrchen zu. Ravi lässt sie unter seinem Hemd verschwinden. Ohne sich noch mal umzudrehen, ohne nach rechts oder links zu schauen läuft Ravi zu dem Hotel, in dem Herr Mumtash arbeitet. Als er die Straße überquert, stößt er mit einer Fahrrad-Riksha zusammen. Erschrocken springt er zurück. Oh, diese verflixte Monsunkrankheit.

Nicht weit von der Hoteltür entfernt steht ein graugrüner Personenwagen. Ravi sieht ihn, denkt sich aber nichts dabei.

Überall fahren oder parken Autos. Um diese Zeit ist auf den Straßen ohnehin alles ineinander verkeilt. Bloß schnell das Zeug abgeben und dann nach Hause, sich hinlegen. Diesmal hat ihn die Monsunkrankheit fürchterlich erwischt. Der Schweiß tropft ihm von der Stirn und gleichzeitig zittert er am ganzen Körper.

Ravi schiebt die Hoteltür auf, die heute geschlossen ist. Das war noch nie der Fall. Er hat die Klinke noch in der Hand, sieht zwei stämmige, uniformierte Männer und dazwischen Herrn Mumtash, der vor Schreck die Augen aufreißt.

Polizei! Ravi weicht zurück. Vergessen sind der kranke Bauch und die wackeligen Beine. Der Schock setzt ungeahnte Kräfte in ihm frei. Ravi rennt um die Ecke, in eine Nebenstraße und gleich dahinter in eine Gasse. Er klettert über eine Mauer, gerät in einen Innenhof, duckt sich in einen Gang und hat schon wieder Durchfall.

In dem dunklen Gang liegt eine Schlange. Sie hebt den Kopf und züngelt feindlich. Sie lässt Ravi nicht aus dem Blick.

Hier kommt er nicht weiter. Unmöglich. Nur jetzt nicht schlappmachen. Er fühlt ein Stechen in der Brust vom Laufen und er hat ein Flimmern vor den Augen. Trotzdem zwingt er sich zu ruhigen, langsamen Bewegungen rückwärts. Die Schlange richtet sich hoch auf. Ihr Kopf zuckt, aber sie kommt nicht näher.

Als Ravi wieder in dem Hof steht, blickt er sich nach einem anderen Ausgang um. Aber da ist keiner. Ein Hund kläfft ihn an. Ein hagerer Mann mit tief eingekerbten Gesichtszügen lehnt sich aus einem Fenster im ersten Stock. Hoffentlich hält er Ravi nicht für einen Dieb und schreit nach der Polizei. Es muss hier doch einen Ausgang geben, irgendeinen Durchlass, außer diesem modrigen Schlangenloch.

Türen gibt es jedenfalls genug, Haustüren, Wohnungstüren, Kellertüren, und aus allen kommen Leute. Ein junger Mann steckt den Kopf aus einem Schuppen, in dem er irgendwas gehämmert hat. Er hält den Hammer noch in der Hand. Alle starren Ravi an. Er fühlt sich wie in einer Falle.

Ein Mädchen, fünf oder sechs Jahre alt, winkt ihm. Sie ist ganz nackt und hat genauso einen dicken, langen Zopf wie die Mädchen in Radapur. Sie zeigt auf eine Elendshütte aus Säcken und Wellblechteilen.

Vielleicht weil sie Ravi an die Schwester erinnert oder weil sie nicht so lauernd guckt wie die andern, läuft er zu ihr. Gebückt kriecht er in die Hütte und sieht sofort, dass sie einen zweiten Ausgang hat. Er gelangt wieder auf eine Gasse.

Hier war er noch nie. Vorsichtig schaut er nach allen Seiten. Kein Polizeiauto ist zu sehen. Bevor ihm die Leute aus dem Hof nachlaufen können, taucht Ravi im Gewimmel der Fußgänger unter. Nirgends ist ein Junge so unauffindbar wie in dem nie abreißenden Menschenstrom.

Mit einem kleinen Umweg gelangt er wieder auf den Platz mit dem Denkmal. Aus sicherer Entfernung blickt er zu dem Hotel hinüber. Jetzt erinnert er sich an den graugrünen Wagen, den er eben nicht beachtet hat. Er erkennt genau, dass es ein Polizeiauto ist. Es steht noch immer dort.

Ganz plötzlich bricht die Erschöpfung voll durch. Als Ravi den Mann mit den blitzenden Ringen wiedertrifft, kann er sich kaum noch auf den Beinen halten. In wirren Sätzen berichtet er, was geschehen ist, und zieht die Röhrchen aus seinem Hemd hervor. Alle Anstrengung war umsonst.

»Ich brauche Medizin«, fleht Ravi.

»Bist du sicher, dass dir niemand gefolgt ist?«, zischt ihn der Mann an.

»Ganz sicher!«

Er packt Ravi am Hemd. Seine Stimme wird drohend. »Du hältst die Klappe. Verstanden? Kein Wort, auch nicht zu deinem besten Freund.«

Ravi verspricht es. »Aber bitte, nur ein bisschen Geld für Medizin. Einen kleinen Vorschuss. Wenn es mir besser geht, arbeite ich einmal umsonst.«

Der Mann zieht Ravi in den Hauseingang. Dort holt er eine zierliche runde Dose aus der Innentasche seiner Jacke. Er schraubt den Deckel ab und zeigt Ravi ein graues Pulver, das darin ist. »Kennst du das?«, fragt er.

»Nein«, sagt Ravi, »ich glaube nicht.«

Der Mann streut ein bisschen davon auf seine Hand und leckt es ab. »Das ist Medizin und was für eine!«, prahlt er. Dabei grinst er auf seine übliche Weise.

»Hilft die auch gegen die Monsunkrankheit?«

»Klar, die hilft gegen alles. Du wirst dich davon wie im Himmel fühlen.«

Ravi starrt erwartungsvoll auf das Pulver. Er weiß auch ohne zu fragen, dass solche Medizin nicht in Läden gehandelt wird, die Augentropfen und Hustensaft anbieten. Aber er ist ganz versessen darauf, Medizin zu schlucken. Er stellt sich darunter eine Art Zauberpulver vor, das wahre Wunder wirkt. Medizin kann Kinder vor einem frühen Tod bewahren. Die Mutter hat es immer wieder gesagt. Und Ravi will nicht sterben.

Der Mann mit den blitzenden Ringen sieht genau, was in Ravi vorgeht, auch wenn er keine Gedanken lesen kann. »Gib deine Hand her«, sagt er.

Ravis Handfläche ist nass von Schweiß. Er leckt gierig die Prise auf, die der Mann hineinstreut. Das Zeug schmeckt komisch. Aber das muss wohl so sein bei Medizin.

Der Mann packt Ravi bei den Schultern und schüttelt ihn leicht. »Du hast alles nur geträumt«, sagt er eindringlich. »Du hast nie Braunen Zucker verteilt. Du weißt gar nicht, was das ist. Verstanden? Und wir beide haben uns nie gesehen. Hörst du mich noch? Wir haben uns noch nie gesehen!«

»Nie und nimmer«, Ravi lächelt. Er fühlt sich auf einmal ganz leicht. Der Boden unter seinen Füßen ist weich wie Schafwolle. Er schwebt über diesen schafwollweichen Boden nach Hause. Dort legt er sich auf die Matte und schläft augenblicklich ein.

11. KAPITEL
Das Orakel des Wahrsagers

Mit fürchterlichem Getöse kommt ein schwarzer Dämon näher. Er rülpst feurigen Atem stoßweise ins Zimmer und streckt seine Krallenfinger nach Ravi aus. Überall ist beißender Qualm. Giftgelbe Schwaden mischen sich mit purpurfarbenen, mit grünen und eisblauen. Ravi wird mitgerissen in diesem bunten Strudel. Er will schreien. Doch um seine Kehle ist ein glühender Ring geschmiedet. Er bringt nur ein Wimmern heraus. Der Dämon greift nach seinem Bauch. Er will ihn zerreißen.

»Bei allen Göttern! Ravi, Ravi, hörst du mich denn nicht? So komm doch endlich zu dir.«

Das ist die Stimme der Mutter. Sie holt ihn aus seinen Fieberträumen. Das Getöse ist noch immer da, aber es kommt nicht von einem Dämon, sondern von Nasir, der mit einem Holzstück gegen einen Topf schlägt.

Ravi versucht sich zu erinnern. In seinem Gedächtnis ist ein flammendes Durcheinander. Er kann nicht unterscheiden, was davon Wahnvorstellungen sind oder Wirklichkeit ist. Die Mutter hält ihm eine Tasse mit Tee hin. Ravi richtet sich auf und trinkt gierig. Aber sofort muss er den Tee erbrechen. Das Zimmer dreht sich vor seinen Augen. Er hat Krämpfe im Bauch, fürchterliche Krämpfe. Ravi krümmt sich vor Schmerzen.

Mirjam lehnt an der Wand. Sie hat Nasir auf den Arm genommen. Die Nachbarin mit den sechs Kindern redet laut auf die Mutter ein. Ihre Stimme ist schrill und klagend zugleich. Mehrere Jungen stecken die Köpfe in der Türöffnung zusammen. Die alte Frau, die dem Bengalen das Huhn abgehandelt hat, versucht die anderen zu beruhigen.

»Lasst den Wahrsager kommen«, schlägt sie vor.

»Ich kenne einen, der mit den Göttern in Verbindung steht. Alles ist eingetroffen, was er vorhergesagt hat. Und billiger als der Doktor ist er auch.«

»Ja, ja, holt den Wahrsager! Ich spende eine Rupie. – Ich auch! Holt ein Götterbild und ein Töpfchen mit Ghee.«

Ein Wahrsager wird bei allen wichtigen Ereignissen hinzugezogen. Er kennt sich aus mit den Sternen, den Göttern und den unglaublich verwickelten Wegen des menschlichen Karmas. Ohne seine Vorhersage kann in Indien keine Ehe geschlossen werden. Nicht einmal die Allerärmsten würden auf seine Dienste verzichten, auch dann nicht, wenn sie das Geld dafür bei einem Wucherer ausleihen müssen.

Für Ravi sammeln die Nachbarn. Sie haben Angst vor seiner Krankheit. Und eine Rupie für den Wahrsager ist auch nichts anderes als ein Opfer im Tempel. Wer sich keinen Privatarzt leisten kann, muss zusehen, dass er vom Segen der Götter genug abbekommt um zu überleben.

Ravi hat alles mitangehört, aber er begreift nicht, dass sich die Aufregung um ihn dreht. Das Pulver, das ihn in bunte Nebelschwaden getaucht hat, wirkt noch immer nach.

»Warum soll ein Wahrsager kommen?«, fragt er die Mutter. »Ist hier ein Unglück geschehen?«

Sie presst die Lippen aufeinander. Ihr Kinn zuckt. Statt zu antworten, kniet sie sich neben seine Matte und wäscht ihn. Seine Kleider sind verschmiert von Erbrochenem und Durchfall.

Ravi hat sich noch nie so elend gefühlt, so sterbenskrank. »Hab ich das rote Fieber?«, stammelt er. »Ich verbrenne innerlich. Sag mir doch, Mataji, ist das eine schlimme Krankheit?«

»Bestimmt ist es schlimm, das sieht jeder«, antwortet Mirjam statt der Mutter. »Du gehörst in ein Krankenhaus. Aber die Stationen für die Armen sind immer hoffnungslos überfüllt. Wer keine hohen Schmiergelder zahlen kann, muss wochenlang warten. Für die armen Leute bleibt wirklich nur der Wahrsager.«

Allmählich erfasst Ravi, was sich um ihn herum abspielt, warum all die Nachbarn hier sind und warum die Mutter so verzweifelt aussieht. Es ist die Angst. Alle haben Angst vor ihm. Seine Krankheit kann ein Fluch der Götter sein, der sich von Ravi aus weiterverbreitet.

Der Mann mit den blitzenden Ringen fällt ihm wieder ein. Und da war doch noch was? Ja, das graue Pulver. Davon konnte er schweben. Wie ein Vogel hat er sich gefühlt.

»Ich habe Medizin geschluckt«, murmelt Ravi matt. »Wunderpulver. Die Krankheit wird bald wegfliegen und dann bin ich gesund.«

»Du fantasierst«, sagt Mirjam.

Ravi schließt die Augen. Soll sie doch glauben, was sie will. Er mag nicht mehr reden. Auf die Straße schicken kann sie ihn jedenfalls nicht. Faroog hat bestimmt, dass Mirjam die Wohnung mit der Mutter und ihm teilen muss, bis er und der Vater zurückkommen. Daran muss Mirjam sich halten. Schließlich ist Faroog ihr Mann.

Ein beruhigender Gedanke.

Trotz der Unruhe in dem engen Raum und den Schmerzen in seinem Bauch dämmert Ravi vor sich hin. Als er die Augen wieder öffnet, beugt sich der greise Swami über ihn.

»Baba!« Nein, es ist doch nicht der Dorfheilige. Aber er hat große Ähnlichkeit mit ihm. Es ist der Wahrsager. Sein Körper ist nackt, bis auf einen Lendenschurz. Die Haare sind in einem Kranz aus verfilzten Zöpfen um den Kopf geschlungen. Es sieht aus wie ein gewachsener Turban.

Aus tief liegenden, schwarzen Augen beobachtet der Wahrsager die Leute, die sich um ihn drängen, während er Vorbereitungen trifft.

Er setzt sich mit gekreuzten Beinen auf den Boden. Zuerst zündet er ein Bündel Räucherstäbchen an und schwenkt sie hin und her. Dann tupft er Asche auf Ravis Stirn und Brust. Mit gespreizten Fingern streicht er mehrmals über den kranken Jungen und murmelt dabei Mantras.

Der Raum ist bis auf den letzten Winkel gefüllt. Die Nachbarn hocken am Boden und warten, was geschieht.

Der Wahrsager verfällt in einen eintönigen Singsang. Er ruft die Götter an und bittet, dass sie ihm Klarheit geben, damit er die Zukunft dieses Jungen vor seinem inneren Auge sieht. Nach dieser Anrufung nimmt er Ravis Hände, dreht die Innenseiten nach oben und studiert die Linien, die da kreuz und quer verlaufen.

Die Zuschauer recken die Köpfe. Lächelt der Wahrsager, dann besteht keine Gefahr. Wenn er die Augen zum Himmel dreht, bedeutet das Unglück, meistens eine Katastrophe.

Der Wahrsager lächelt nicht und verdreht auch nicht die Augen nach oben. Er sagt: »Ich sehe einen Bruch in der Lebenslinie dieses Jungen. Das kann ein Unfall sein oder eine schlimme Krankheit.«

»Ist es die Lähmung, die wie Grippe anfängt? Sind es die schwarzen Pocken?«, schreit eine Frau heraus, die nicht mehr an sich halten kann. »Ist es eine Seuche, ein Fluch der Götter?«

Der Wahrsager übergeht die Fragen. Noch immer studiert er Ravis Handlinien. »Ich sehe Frauen im Dienst eines fremden Gottes«, weissagt er. »Es sind Frauen, die alle Gesichter des Todes kennen.«

»Was für Frauen sind das?«, fragt Mirjam. »Kannst du dich nicht deutlicher ausdrücken?«

Auch darauf geht der Wahrsager nicht ein. »Der Junge ist stark und seine Lebenslinie ist lang. Aber da ist dieser Bruch. Das heißt, er braucht schnell Hilfe, sonst muss er sein Leben abbrechen und kann nicht hier verweilen bis zu dem Tag, den die Götter dafür bestimmt haben. Die Gefahr ist groß.«

Ein erregtes Gemurmel setzt ein. Die Mutter schlägt sich mit Fäusten vor die Brust. »Was habe ich nur getan? Warum strafen mich die Götter so? Zwei Kinder sind mir schon gestorben und jetzt mein Sohn! Mein einziger Sohn!« Ihre Stimme überschlägt sich. »Ich muss verhungern und mein Baby mit mir.«

Die andern Frauen halten die Mutter fest, versuchen sie zu beruhigen, obwohl sie selber ganz aufgeregt sind. »Wir geben dir von unserem Reis etwas ab«, versprechen sie.

Ein Mann, der bisher mit verschränkten Beinen neben der Tür gesessen hat, steht nun auf und schiebt sich näher an den Wahrsager heran. »Die Frauen, von denen du gesprochen hast, wo sind sie?«, fragt er laut. »Dass der Junge sehr krank ist, sehen wir selber. Dafür brauchen wir keinen Wahrsager zu bezahlen. Wenn du Geld für deine Dienste willst, dann gib uns eine Auskunft, die uns weiterhilft.«

»Ja, ja, du musst noch mehr vorhersagen. Frag die Götter nach diesen Frauen. Verteilen sie Medizin? Sind sie Ayurveda-Heilerinnen? Wo finden wir sie? Nun sag schon«, ruft die Nachbarin mit den sechs Kindern.

Der Wahrsager lässt Ravis Hände los. Er schließt die Augen und versenkt sich in Meditation. Unbeweglich hockt er am Boden, kerzengerade wie eine Tempelfigur. Die Menschen im Raum verstummen und warten.

Nach etwa fünf Minuten schlägt der Wahrsager die Augen auf, gähnt, reckt sich und steht auf

»Amarjit«, sagt er. »Geht zu Amarjit, dem Rikshafahrer. Ihr findet ihn vor dem grünen Teeladen. Amarjit ist der Mann, den euch die Götter schicken.«

Er lässt sich von allen Anwesenden Geld geben. Mirjam will noch wissen, ob sie oder ihr Sohn von Ravi angesteckt werden.

Der Wahrsager lächelt. Darüber haben die Götter sich leider nicht geäußert. Er geht.

»Amarjit? Den Namen habe ich noch nie gehört. Kennt von euch jemand diesen Amarjit?«, fragt Mirjam mit fester Stimme über das erregte Gemurmel hinweg.

Allgemeine Verwunderung breitet sich aus. Schulterzucken, Erstaunen, Verwirrung. Keiner kennt einen Amarjit.

»Lasst uns keine Zeit verlieren mit langem Herumfragen. Wir gehen rasch zu dem grünen Teeladen«, schlägt die Mutter vor, »dort wird ihn jeder kennen.«

»Ja, klar«, antwortet Mirjam, »aber wo ist eigentlich der grüne Teeladen?«

Einen Moment herrscht verblüffte Stille in dem überfüllten Raum. Dann schreien alle durcheinander.

»Lügner! Betrüger! Es gibt keinen Amarjit und keinen grünen Teeladen. Und die geheimnisvollen Frauen hat er auch erfunden. Er ist nur auf unser Geld scharf gewesen, dieser Lump!«

»Das stimmt nicht«, empört sich die alte Frau, die den Wahrsager geholt hat. »Er ist ein Heiliger. Habt ihr ihn euch denn nicht richtig angesehen? Nur weil ihr nicht wisst, wo ein bestimmter Laden ist, dürft ihr nicht den Mann der Götter beleidigen. Wollt ihr, dass über uns alle das große Unglück kommt?«

»Ihr Hindus mit euren Heiligen an jeder Straßenecke!«, fährt Mirjam sie an. »Was nützt das ganze Gerede? Jetzt sind wir genauso schlau wie vorher. Oder weißt du vielleicht, was wir machen sollen?«

Es ist unhöflich, so mit einer Frau zu sprechen, die ihre Mutter sein könnte. Aber Mirjam hält sich nicht an die alten, strengen Sitten. Sie will fortschrittlich sein. Zusammen mit Faroog war sie auf politischen Versammlungen. Dort hat sie gehört, dass fortschrittliche Frauen ihre Meinung frei heraus sagen dürfen. An ihrem Arbeitsplatz würde Mirjam sich das nicht trauen, aber hier unter den Frauen sagt sie, was sie denkt.

»Warum fragen wir nicht die Rikshafahrer unten an der Ecke?«, antwortet die alte Frau. »Wenn dieser Amarjit einer von ihnen ist, werden sie ihn zu uns schicken.«

Der Vorschlag klingt vernünftig. Viele Rikshafahrer kennen sich untereinander und vor allem kennen sie Delhi. Wenn es einen grünen Teeladen gibt, dann finden sie ihn am schnellsten.

Zwei Jungen bieten sich an in die Gasse zu laufen und dort zu fragen.

In all dem Trubel liegt Ravi in seine Decke gerollt und sagt kein Wort. Er hört auch nicht zu. Das Fieber ist hoch. Ravi glaubt zu schweben. Die Krankheit lässt ihm Flügel wachsen. – Ravi, der Vogelmensch.

Die beiden Jungen kommen schnell zurück. Sie bringen einen kleinen, ausgemergelten Mann mit, dessen Haut sich wie altes Pergament über Hände und Arme spannt. Sein Rücken ist gebeugt von dem täglichen Treten in die Pedale.

»Bist du Amarjit?«

»Nein.«

»Kennst du einen Amarjit?«

Der kleine Mann überlegt. Er wiederholt diesen Namen mehrmals, als könne der Klang seine Erinnerung anregen. Aber ihm fällt kein Kollege mit diesem Namen ein, so sehr er sein Gehirn auch anstrengt.

»Und einen Teeladen, einen grünen Teeladen, kennst du den vielleicht?«

Wieder grübelt der kleine Mann. Er kennt Neu-Delhi und Alt-Delhi schon sein Leben lang. Da er nicht schreiben und nicht lesen kann, hat er sich die Straßen und Plätze, die Paläste, Parks, Bahnhöfe, Hotels, Tempel, die Bazare und die Slums wie ein riesiges Bilderbuch eingeprägt. Nun geht er es Seite für Seite vor seinen inneren Augen durch. Mit einem Mal huscht ein Strahlen über sein Gesicht.

»Gar nicht weit von hier ist ein Garten mit Bäumen und kleinen Tischen darunter. Die Bäume haben jetzt junges, grünes Laub. Die Fremden trinken gerne Tee dort und kaufen sich Erfrischungen. Es ist ein feiner Laden, nichts für unsereins.«

»Meinst du wirklich, das soll der grüne Teeladen sein?«, fragt Mirjam skeptisch.

»Gewiss! Vor der Tür warten täglich Rikshas. Es ist ein guter Platz. Der Wahrsager hat bestimmt diesen Garten gemeint, wo die Fremden sich ausruhen. Vielleicht kennt der Besitzer einen Amarjit.«

Der kleine Mann strahlt. Er ist fest davon überzeugt, dass er soeben ein schwieriges Orakel enträtselt hat.

Mirjam stimmt ihm zögernd zu. »Möglich wäre es schon. Die Wahrsager reden oft so unverständlich.«

»Zeig mir diesen Garten«, bittet die Mutter. »Bring mich hin. Ich werde dort nach Amarjit fragen.«

Der Rikshafahrer blickt zu dem kranken Ravi hinunter. »Vielen Menschen geht es in diesen Wochen so elend wie dir«, sagt er. »Überall liegen sie auf den Straßen und können nicht mehr aufstehen. Die Krankenhäuser sind überfüllt. Die Pförtner lassen niemanden hinein, der ihnen nicht mindestens hundert Rupien Bakshish zusteckt. Jedes Jahr wieder bringt der Regen Überschwemmungen. Schlamm dringt in die Wasserleitungen. Nun sind sie verstopft und der Unrat ergießt sich in die Straßen.«

Er macht eine Kopfbewegung zur Mutter. Sie soll ihm folgen. Er will ihr den Teeladen unter den Bäumen zeigen. Von dieser armen Frau nimmt er kein Geld. Wenn die Götter ihn dafür belohnen wollen, können sie ihm einen reichen Kunden für die nächste Fahrt schicken. Bisher war der Tag schlecht.

Die Mutter steigt zum ersten Mal auf eine Riksha. Sie fühlt sich unsicher auf dem wackeligen Dreirad, das bei jeder Unebenheit auf der Straße bedenklich quietscht und knarrt. Aber die Angst um Ravi ist viel größer als die Angst herunterzufallen.

Der alte Mann hält vor einer Lücke zwischen zwei Hauswänden. Hier wachsen mehrere Bäume, angekränkelt von Abgasen, aber noch nicht ganz entlaubt. Neben einer Bretterbude, die ehemals einen grünen Anstrich hatte, stehen große Blumenkübel mit blühenden Nelken. Die Blumen verbreiten einen wunderbaren Duft. Auf dem Boden balgen sich Spatzen um ein paar Krümel. Die Sonne scheint angenehm warm. Der Regen ist lange nicht mehr so häufig und so heftig wie in der Hauptmonsunzeit. In diesem kleinen Garten, ein wenig abgeschirmt vom Lärm und dem Gewimmel der Straße, kann man sich gut erholen bei einem Glas Tee. Alle Tische sind besetzt.

Der Rikshafahrer darf hier nicht mit seinem Fahrzeug auf Kunden warten. Es ist nicht sein Standplatz. Aber wenn er zufällig vorbeikommt und ein Gast mit ihm fahren will, können die andern nichts sagen. Deshalb sucht er nach einem Vorwand, um nicht gleich wieder verschwinden zu müssen.

Er begleitet die Mutter und erzählt dem Besitzer des Teeladens, was er aufgeschnappt hat. Natürlich will er auch wissen, wie die Geschichte weitergeht, in die er da hineingeraten ist. Wenn ein Wahrsager im Spiel ist, wird das Leben gleich spannender.

Auch der Teeladen-Besitzer sieht das so. Er lässt sich alles ganz ausführlich berichten. Dann ruft er überschwenglich: »Was für ein wunderbarer Wahrsager! Der Mann ist erleuchtet. Er ist von den Göttern gesegnet. Meine ärmliche Bude hat er genannt! Das bedeutet Glück, Freude, Wohlstand. Ich werde reich! DER GRÜNE TEELADEN – ein wunderbarer Name. Ich werde gleich morgen ein Schild schreiben lassen und es hier aufhängen.«

»Aber was ist mit Amarjit?«, kommt die Mutter wieder zur Sache.

»Selbstverständlich kenne ich Amarjit. Er ist mein Freund, mein wunderbarer Freund. Warte einen Augenblick. Er wird gleich kommen.«

Der Rikshafahrer fühlt sich auch aufgefordert zu warten. Er freut sich und lässt seinen Blick über die

Gäste schweifen. Die Mutter freut sich auch, weil Amarjit nahe ist, weil es ihn wirklich gibt. Und der Besitzer spendiert vor lauter Freude jedem ein Glas Shai. »Das Leben ist voller Wunder«, seufzt er.

Zwei Amerikaner wollen bezahlen und stehen auf. Der Rikshamann zeigt eifrig auf sein Fahrzeug und bittet sie mit Gesten einzusteigen.

»O. K. Hotel Astor.«

»Du hast Recht, das Leben ist wirklich voller Wunder«, raunt der kleine Mann im Hinausgehen. »Den ganzen Tag nicht eine Rupie, und jetzt so ein fetter Fisch.«

Er ist noch nicht lange davongeradelt, da hält eine andere Riksha vor dem Eingang des Gartens. Sie ist bunt bemalt, aber genauso altersschwach wie die andere. Der Fahrer trägt eine weiße Hose, ein weißes Hemd und auf dem Kopf einen Turban. An seiner Kleidung erkennt man, dass er ein Sikh ist.

»Amarjit!« Der Teeladen-Besitzer läuft mit ausgebreiteten Armen auf ihn zu. Dann erzählt er seinem wunderbaren Freund die wunderbare Geschichte von dem wunderbaren Wahrsager.

Amarjit lässt sich von der Überschwänglichkeit des anderen nicht mitreißen.

»Dein Sohn ist sehr krank?«, wendet er sich an die Mutter. »Alle Krankenhäuser sind völlig überfüllt. Sie nehmen keine Armen mehr auf. Es scheint wieder eine Seuche ausgebrochen zu sein.«

Die Mutter legt flehend die Hände vor der Brust zusammen. »Du musst mir helfen. Mein Mann ist fortgegangen. Ich habe nur noch dieses eine Kind.«

Amarjit macht die schlenkernde Kopfbewegung, die Ja bedeutet. »Wir müssen zu den Missionarinnen fahren. Auch sie werden keinen Platz mehr haben, aber sie versuchen trotzdem zu helfen. Manche Kranke warten sogar im Hof, wenn es gar nicht anders geht. Wir können es wenigstens versuchen.«

Die Mutter lächelt dankbar. »Ich gebe dir meine letzten Rupien dafür. Es wird nicht reichen, aber nimm sie. Ich habe nicht mehr.«

»Ich helfe dir«, sagt Amarjit, »sonst wäre ich kein echter Sikh. Niemand, der in unserem Goldenen Tempel in Amritsar nach Nahrung oder ärztlicher Hilfe fragt, wird zurückgewiesen. Hier in Delhi haben wir keine Krankenstation. Aber ich kann deinen Jungen zu den Missionarinnen bringen. Sie sind Christen und gehören zu dem Orden von Mutter Teresa. Diese Frauen kümmern sich um die Armen, die sonst nirgends mehr Hilfe bekommen.«

Die Mutter fühlt sich von einem furchtbaren Druck befreit. In ihre Augen kommt Glanz. Ihr Gesicht leuchtet vor Hoffnung und Zuversicht. Während sie mit Amarjit zu Mirjams Wohnung fährt, wiederholt sie in Gedanken, was heute schon der Besitzer des Teeladens und der kleine, ausgemergelte Rikshafahrer gesagt haben: Das Leben ist voller Wunder.

12. Kapitel
Bei den Missionarinnen der Nächstenliebe

Ravi muss von der Mutter Abschied nehmen. Sie kann nicht mitkommen. Die Fahrt ist weit und für Amarjit doppelt anstrengend, wenn er zwei Personen befördern muss. Außerdem will er auf der Rückfahrt nach Kundschaft schauen. Auch er hat heute noch kein gutes Geschäft gemacht. Allein würde sich die Mutter im Gewirr der Straßen verirren. Es wird bereits Abend. Die Dunkelheit kommt schnell und dann ist es noch schwieriger zurückzufinden.

»Ich denke ganz fest an dich«, verspricht sie Ravi. »Jeden Tag kaufe ich ein Opferlicht und bringe es in den Tempel. Ich lege auch Reiskörner dazu und Rosenblätter. Vertraue auf Shiva.«

Sie weiß nicht, woher sie Geld für ein Opferlicht nehmen soll. Aber darüber denkt sie jetzt nicht nach. Sie weiß nie, woher sie Geld für morgen nehmen soll. Mit zärtlicher Geste streicht sie Ravi die Haare aus der schweißnassen Stirn. Sie ist ganz ruhig und flüstert ihm kindliche Kosenamen ins Ohr.

Ravi hält ihre Hand, bis Amarjit ihn in seiner Decke wie ein Bündel auf den Arm nimmt und hinausträgt. Die Mutter geht nebenher. Auch Mirjam folgt, mit Nasir an der Hand, und viele Nachbarn. Vorsichtig legt Amarjit den Kranken auf den Sitz seiner Riksha. Dann strampelt er los.

Ravi wird hin- und hergeschüttelt auf der löchrigen

Straße. Die Riksha hat keine Federung. Noch einmal richtet er sich ein wenig auf und schaut zurück. Die Mutter ist stehen geblieben, schon kaum noch auszumachen in dem ewigen Menschengewühle. Ravi hebt die Hand. Er winkt. Auch die Mutter winkt. Da schiebt sich ein Mann mit einem riesigen Ballen auf dem Kopf davor. Sie ist nicht mehr zu sehen.

Amarjit tritt jetzt im Stehen, weil es bergauf geht. Seine Knie schmerzen und knacken von der ständigen Überanstrengung. Er träumt von einem kleinen roten Heft mit vielen amtlichen Stempeln, einem Autoführerschein. Damit kann er Taxifahrer werden. Jetzt muss er für ein paar Rupien bei jedem Wetter in die Pedale treten. Einen Teil seiner Einnahmen kassiert der Riksha-Ratscha, von dem er diese windschiefe Karre gemietet hat. Der ist reich wie ein echter Fürst. Deshalb wird er Ratscha genannt. Auch wenn Amarjit nichts einnimmt, muss er Miete zahlen.

Manchmal hält ihn die Polizei an und behauptet, seine Riksha sei nicht ordnungsgemäß zugelassen. Wenn er die Lizenz vorzeigt, schaut der Beamte gar nicht hin. Er sagt einfach, die sei gefälscht. Dann muss Amarjit Schmiergeld zahlen, sonst landet er auf der Wache. Dort wird er stundenlang festgehalten und muss mindestens dreißig Rupien hinblättern. Obwohl er eine einwandfreie behördliche Genehmigung hat, dass er mit dieser Riksha Geld verdienen darf.

Ein Führerschein kostet so um die achthundert Rupien. Ganz genau erfährt man den Preis nie. Denn auch dabei läuft nichts ohne Schmiergelder ab. Außerdem braucht er noch einmal so viel um an einen Taxiunternehmer heranzukommen. Die werden gut abgeschirmt von Männern, die für sie die täglichen Abgaben der einzelnen Fahrer einsammeln. Diese Geldeintreiber wissen genau, wann ein neuer Fahrer eingestellt wird. Jeden Hinweis lassen die sich mit einem fetten Bakshish bezahlen, so lange, bis es eines Tages klappt mit der Neueinstellung. Es ist ein langer, kostspieliger Weg, aber dann endlich können sich die Knie und die Schultern erholen. Der Monsun rinnt an der Windschutzscheibe hinunter und der Straßendreck spritzt einem nicht mehr ins Gesicht.

Amarjit spart schon lange. In zwei oder drei Jahren hofft er genug Geld beiseite gelegt zu haben, falls nichts dazwischenkommt. So lange müssen die Knie noch durchhalten. Zwei oder drei Jahre, was ist das schon, außer ein bisschen Zeit? Als es wieder bergab geht, pfeift Amarjit.

Das Geholper und Geschaukel kommt Ravi endlos vor. Er fragt, ob es noch weit sei. Aber Amarjit hat die leise Stimme des Kranken nicht gehört. Er unterbricht sein Pfeifen nicht.

Irgendwann ist auch diese Fahrt zu Ende. Nur undeutlich nimmt Ravi ein graues Gebäude wahr. Es ist umlagert von Krüppeln, Bettlern, Kranken, Müttern mit wimmernden Säuglingen. Manche liegen auf Lumpen, geschwächt von Hunger und maßlos verdreckt. Ein Ambulanzwagen fährt vor. Er kann sich kaum einen Weg bis zum Eingang bahnen. Auch Amarjit hat große Mühe, mit Ravi auf dem Arm in das

Krankenhaus zu gelangen. Die Wartenden wollen ihn nicht durchlassen. Sie hängen sich an seine Beine. Aber die Beine eines Rikshafahrers haben gut trainierte Muskeln. Amarjit reißt sich los und bringt Ravi schließlich in einen Flur. Er legt ihn auf den Boden neben all die andern, die hier geduldig auf Hilfe warten.

Ravi dämmert vor sich hin. Er hat jedes Zeitgefühl verloren. Ist es Tag oder Nacht? Einmal meint er wieder in der Hütte in Radapur zu liegen. Durch die Türöffnung erblickt er viele Kormorane. Wie ein Schwarm schwarzer Geister kommen sie auf das Dach zugeflogen. Sie bringen Kälte mit und Stille. Eine eisige Stille. Doch so plötzlich, wie sie aufgetaucht sind, verschwinden die Kormorane auch wieder. Dafür kreist jetzt ein einzelner weißer Kranich am Himmel. Ist das in Radapur? In Delhi? Nirgends sieht Ravi Häuser oder Menschen. Er ist ganz allein bei dem schimmernden Kranich. Mit dem weißen Vogel breitet sich nun Wärme und Wohlbefinden aus. Nichts tut mehr weh. Ravi fühlt sich leicht. Er schwebt, er tanzt mit dem Kranich durch die Luft. Der Vogel entfernt sich allmählich. Er steigt höher und höher, bis er als leuchtender Punkt in den Wolken verschwindet. Ravi schaut ihm lange nach. Er schaut und hört. Eine feine Melodie dringt an sein Ohr. Sie kommt näher, wird deutlicher. Ravi kann nicht feststellen, woher die Musik kommt. Die Töne dringen immer klarer in sein Bewusstsein. Es ist eine leise, traurige Flötenmusik.

Ravi öffnet die Augen. Er muss geträumt haben. Jetzt sieht er einen lang gestreckten Raum. Überall liegen Menschen, dicht gedrängt. Und er liegt dazwischen. Dann bemerkt Ravi etwas höchst Merkwürdiges. Über seinem Kopf hängt eine Flasche, aus der sich ein Schlauch herauswindet. Der Schlauch endet in seinem Arm. Eine hellgelbe Flüssigkeit tropft aus der Flasche, rinnt durch den Schlauch und verschwindet in seinem Arm. Ravi dreht sich ein wenig zur Seite. Links neben ihm liegt eine Frau, über deren Kopf auch so eine Flasche mit Schlauch baumelt. Zwei Liegen weiter sitzt ein Wesen, dessen Kopf und Schultern dick verbunden sind. Aus einem Schlitz, dort, wo der Mund sein muss, ragt eine Flöte unter dem weißen Gewickel hervor. Knochige Finger entlocken ihr die traurige Melodie, die Ravi aufgeweckt hat. Er dreht das Gesicht zur anderen Seite. Da liegt ein Mann, der ihm freundlich zunickt.

»Hallo, kleiner Kamerad! Geht es dir endlich besser?«, fragt der Mann. »Ich dachte schon, du kommst gar nicht wieder zu dir und die Schwestern müssten dich in das andere Haus bringen. – Ich bin übrigens Krishna. Und wie heißt du?«

»Hallo Krishna, ich heiße Ravi.« Er muss sich räuspern. Seine Stimme klingt fremd. Er leckt sich über die spröden Lippen. »Wo bin ich hier eigentlich?«

»Im Haus der Hoffnung bist du gelandet, bei den Missionarinnen der Nächstenliebe. In diesem Raum sind die Patienten untergebracht, die gute Aussichten haben, noch ein paar Jährchen auf dieser schrecklichschönen Erde herumzuspazieren. Wir sind die Glückskinder. Nebenan ist das Sterbehaus. Aber vielleicht haben die armen Teufel da drüben haufenweise gute Taten vollbracht in ihrem elenden Leben. Dann werden sie beim nächsten Mal als reiche Teufel wieder geboren. Wer weiß?«

Krishnas Worte setzen Ravis Erinnerung in Gang. Mirjam, die Mutter, die Bauchschmerzen, Amarjit und die endlose Fahrt hierher, alles blitzt fast gleichzeitig durch seine Gedanken.

»War bei dir auch ein Wahrsager?«, fragt Ravi.

»Ein Wahrsager? Nein, wie kommst du denn darauf, Ravi?«

»Ich dachte, dies sei ein geheimer Ort, den nur Wahrsager und Sikhs kennen.«

Krishna zupft mit beiden Händen an seinem schlapp herunterhängenden Schnurrbart. »He, kleiner Kamerad, du bist wohl doch noch nicht ganz bei Sinnen. Wahrsager und Sikhs findest du hier bestimmt nicht. Guck mal, was da vorne an der Wand hängt. Hast du schon mal so einen Gott gesehen?«

Ravi blickt zu der Figur, auf die Krishna zeigt. Ein Mann ist an ein Holzkreuz genagelt. Auf dem Kopf trägt er einen Kranz aus Dornen.

Verwundert wendet Ravi sich wieder Krishna zu. »Das ist doch kein Gott!«

Krishna grinst. »Ja, den hast du noch nie gesehen. Stimmt's? Ich weiß sogar, wie er heißt: Jesus. Die Fremden aus Amerika, England, Germany oder wie die Länder alle heißen, glauben an diesen Jesus und seinen Vater, wie wir an Ganesha und seinen Vater Shiva glauben. Frag ruhig die Schwester, die uns Medizin und Essen bringt. Von der habe ich das nämlich erfahren. Du bist hier bei den Christen gelandet.«

Ravi blickt wieder zu dem Kruzifix an der Wand. Er denkt an die bunt bemalten Götterbilder in den Tempeln. Er denkt an Shivas Sohn, der einen Elefantenkopf hat mit einem langen Rüssel. Immer sind die Götterfiguren mit Blumenkränzen behängt. Sie sehen wohlgenährt aus, mächtig und irgendwie gewaltig. Anders als Menschen auf jeden Fall. Sie sind eben Götter. Aber der da am Kreuz ist ein Mensch, den irgendwelche Halunken ganz übel zugerichtet haben. So etwas lässt doch ein Gott nicht mit sich machen!

Ravi guckt den Mann im Nachbarbett kritisch an. »Krishna, du bist nicht ganz bei Sinnen«, sagt er. »Das soll ein Göttersohn sein? Erzähl mir doch nicht so etwas.«

»Ich wollte es zuerst auch nicht glauben«, gibt Krishna zu. »Aber die Schwester hat es mir erklärt. Dieser Jesus wollte das Leid aller Menschen auf sich nehmen um sie davon zu erlösen. Ganz hat er das wohl nicht geschafft. Aber dass du und ich noch am Leben sind, haben wir ihm zu verdanken und natürlich den Menschen, die an ihn glauben. Hier, bei den Missionarinnen der Nächstenliebe, brauchst du keine Schmiergelder zu bezahlen. Auch nicht in den Armenküchen und in dem Heim für Leprakranke. Sogar Schulen für verloren gegangene Kinder haben die Schwestern. Glaub es mir oder lass es bleiben. Aber ich sage dir, hier wird der Ärmste behandelt wie ein Maharadscha.«

Ravi schwirrt der Kopf. Vielleicht ist Krishna ein Spinner. Vielleicht ist er ein Märchenerzähler oder einer von diesen seltsamen Heiligen, die aus allem Leid eine komische Geschichte machen um mit Lachen den Schmerz zu besiegen. Wenn nicht, dann ist alles ein Traum. – Ein Gottessohn, der sich an ein Holzkreuz nageln lässt, eine baumelnde Flasche, aus der sein eigener Arm trinkt, ein Mensch ohne Gesicht, der Flöte spielt... Das kann nur ein Traum sein.

Ravi schließt die Augen und öffnet sie kurz darauf wieder. Für einen Traum stinkt es hier zu sehr. Auch das Stöhnen, das Rufen und Klappern mit einer Wasserkanne klingt nach Wirklichkeit. Nur ungewohnt ist es, fremd, anders als sonst. Und er ist krank.

Eine Frau in einem weißen Baumwollsari mit blauer Borte kommt zu ihm. »Ich bin Schwester Shakti«, sagt sie freundlich. Sie reicht Ravi einen Becher frisches Wasser. Außerdem hat sie eine Schüssel mitgebracht und Seife. Sie zieht ihn aus und wäscht ihn gründlich. Dann gibt sie ihm ein frisches Hemd und ein sauberes Hüfttuch. Ravis eigene Kleider kleben von den Ausscheidungen seines Körpers.

Schwester Shakti lächelt bei der Arbeit. »Deine Kleider müssen wir verbrennen«, sagt sie. »Sie sind von Bakterien verseucht. Du darfst die neuen behalten.«

»Habe ich das rote Fieber«, fragt Ravi, »oder ist Gift in meinen Bauch gekommen?«

»Nein, nein, kein Gift und keine Tuberkulose.

Aber deine Krankheit ist sehr ansteckend. Viele Menschen sterben daran. Es ist die Cholera. Hast du noch starke Bauchschmerzen?«

»Es war furchtbar. So, als ob ich Feuer verschluckt hätte«, sagt Ravi. »Aber jetzt tut es nicht mehr so weh.«

»Es wird jeden Tag besser und bald kannst du schon wieder nach Hause gehen. Gestern warst du kaum noch bei Besinnung. Aber das liegt nun hinter dir.« Schwester Shakti lächelt so zuversichtlich, dass Ravi ihr glaubt.

Trotzdem fühlt er sich noch sehr schwach. Er mag sich nicht einmal hinsetzen. Seine Arme und Beine bestehen nur noch aus Knochen. Die Haut darüber ist ausgetrocknet. Ganz schrumpelig sieht sie aus und faltig.

Krishna wird von einem Malariaanfall geschüttelt. Seine Augen glänzen vom Fieber. Der Schweiß läuft in dicken Tropfen von seinem Gesicht. Seine Zähne schlagen aufeinander und er zittert am ganzen Körper.

Schwester Shakti gibt ihm Tabletten und legt ein feuchtes Tuch auf seine Stirn. Sie spricht liebevoll mit Krishna, bis der Anfall langsam abklingt.

»Malaria wird man nie mehr los. Irgendwann krepiere ich daran«, stöhnt Krishna. Dann dreht er sich auf die Seite und versucht zu schlafen.

Gegen Abend bringt Schwester Shakti einen Krug voll Mineralwasser für Ravi. Er muss viel trinken. Das Wasser ist frisch und sauber. Es schmeckt sehr gut.

Krishna bekommt zwei Schachteln mit Tabletten.

»Lass sie nicht nass werden«, schärft Schwester Shakti ihm ein. »Du kannst jetzt nach Hause gehen.«

Krishna guckt ganz entsetzt. »Es geht mir schlecht. Das schaffe ich nie. Ich bin so schlapp, dass ich umfalle, wenn ich aufstehe.« Er krallt die Finger ineinander und verdreht die Augen.

Schwester Shakti lässt sich nicht beeindrucken. Sie lacht. »Du bist ein guter Schauspieler«, sagt sie zu ihm. »Wenn du die Tabletten regelmäßig nimmst, kannst du die Malaria unterdrücken. Ich weiß, du möchtest noch ein paar Tage bei uns bleiben. Aber deine Familie braucht dich und wir benötigen dringend deinen Platz für einen anderen Kranken. In Alt-Delhi ist die Cholera ausgebrochen. Sie breitet sich in der ganzen Stadt aus. Überall sterben Kinder und viele Erwachsene an der Seuche. Wenn deine Medizin aufgebraucht ist, kannst du dir bei uns neue holen.«

Sie geht weiter zum nächsten Kranken.

Krishna weint. Er zieht die Beine bis ans Kinn, legt die Arme darauf und vergräbt sein Gesicht darin.

»Warum bist du traurig?«, fragt Ravi. »Sei doch froh, dass du wieder nach Hause gehen kannst.«

»Du weißt ja nicht, wie es da aussieht«, schluchzt Krishna. »Warst du schon mal draußen an dem städtischen Müllplatz? Weißt du, wie das ist, wenn ein Heer von Fliegen und Kakerlaken dich verfolgt, als ob du selber Müll bist? – Zu Hause! Das ist lange her. Wir hatten eine Töpferwerkstatt an einem herrlichen Marktflecken. Mein Großvater war schon ein angesehener Töpfer. Mein Vater war bekannt für sein sauber gebranntes Tongeschirr. Meine Brüder und ich haben ihm geholfen. Jeden Tag hatten wir satt zu essen. Und dann unser Haus! Das kann ich nie vergessen. Es war um einen kleinen Innenhof gebaut. Tamarisken-Bäume haben Schatten verbreitet und den Wind abgehalten.« Krishnas Schluchzen übertönt seine Worte.

»Warum bist du dann nicht dort geblieben?«, fragt Ravi.

Krishna stößt einen langen Seufzer aus. »Die Plastikindustrie hat uns arm gemacht. Diese Billigware aus den reichen Ländern hat selbst die kleinsten Dörfer erobert. Das Zeug geht nicht kaputt und ist leichter zu tragen als Tonkrüge für Öl, Reis und andere Vorräte. So schön unser Geschirr auch war, keiner wollte es mehr kaufen. Die Not zog bei uns ein. Als meine ältere Schwester verheiratet wurde, musste mein Vater für ihre Mitgift und die übliche Hochzeitsfeier tausend Rupien ausleihen. Das hat unsere Familie restlos ruiniert. Wir mussten alles verkaufen, unser Haus, das kleine Stück Land, auf dem wir unser Gemüse angebaut haben, und den Schmuck meiner Mutter. Danach blieb nur noch die Stadt.«

Krishna starrt eine Welle trostlos vor sich hin, dann erzählt er weiter. »Heute leben wir in einer Bruchbude am Rande der Müllhalde. Neben uns wohnen andere Familien in Bruchbuden. Wir haben dort mehr Nachbarn als früher zu Hause. Und alle leben vom Müll. Die Frauen und Kinder durchwühlen die Abfälle nach Dingen, die man wieder verwerten kann. Wir Männer sind den ganzen Tag unterwegs um die Funde zu verkaufen, wenn wir nicht gerade mit den Fahrern der Müllwagen Bangla trinken und ihnen Bakshish zustecken. Ohne Schmiergelder lebst du dort nicht lange.

Auf dem Müllplatz wimmelt es von Kindern und Schweinen, dazu die Ratten, die räudigen Hunde und heiligen Kühe, Krähen und Aasgeier. Jeder versucht dem andern einen Brocken vor der Nase wegzuschnappen. Aber schlimmer als alles sind die Fliegen. Sie krabbeln dir in die Augen und in die Ohren. Sie fallen über dein Essen her, noch ehe du es in den Mund schieben kannst.«

Schwester Shakti kommt. Sie gibt Krishna eine Banane als Wegzehrung und sagt ihm noch einmal, wie er die Tabletten einnehmen soll. Über Krishnas Gesicht huscht ein Lächeln. Er steht von der Liege auf, legt die Hände vor der Brust zusammen, fällt auf die Knie und verbeugt sich vor dem Kruzifix an der Wand. Seine Stirn berührt dabei den Boden. Es ist eine ehrliche Geste des Dankes an den fremden Gott, in dessen Namen er Hilfe erhalten hat. Krishna verehrt alle Götter. Er macht keinen Unterschied zwischen den verschiedenen Religionen.

Dann verabschiedet er sich von Ravi. »Mach's gut, kleiner Kamerad«, sagt er. »Wenn du mal nicht mehr weiter weißt und einen Freund brauchst, erinnere dich an Krishna, den Töpfer. Komm raus zu den Abfallbergen. Du findest mich schon. Dann trinken wir Bangla und pfeifen auf Cholera und Malaria und den ganzen Dreck der Welt.«

13. Kapitel
Eine Stimme aus der Dunkelheit

Die Medizin aus der Flasche wirkt schnell. Die Durchfälle hören auf, ebenso die Bauchschmerzen. Aber Ravi ist von der Krankheit sehr geschwächt. Als er von seiner Liege aufsteht, sind seine Beine weich wie Hirsebrei. Er legt sich schnell wieder hin.

Doch er bekommt gutes Essen und damit ist auch die Schwäche rasch überwunden. Bald darf er nach Hause gehen. An einem strahlend schönen Morgen macht er sich zu Fuß auf den Rückweg. Der Monsun ist endgültig weitergezogen. Die Bäume glänzen in frischem Laub. Die Sonne wärmt, aber sie brennt nicht. Ein Tag zum Wohlfühlen.

Ravi weiß nicht, ob die Straße der Blechhandwerker einen richtigen Namen hat, so einen, den man auf einem Straßenschild lesen kann. Deshalb fragt er nach dem Bahnhof von Neu-Delhi. Dort kennt er sich aus. Dort braucht er nicht mehr zu fragen.

Er ist voll Ungeduld. Bestimmt ist der Vater heimgekommen. Wie viel Rupien er wohl verdient hat? Auch das Baby könnte schon geboren sein. Dann gibt es ein Fest.

Ravi weiß nur, wie man im Dorf feiert. Aber in der Stadt wird es kaum anders sein. Zuerst baut der Vater einen kleinen Altar auf für Shiva. Dann holt er einen Priester. Der entzündet die Gheeflamme und schwenkt Räucherstäbchen. Mit vielen Mantras segnet er das

Baby und bittet die Götter, dass sie alle Sünden aus dem vergangenen Leben dieses Kindes vergeben und vergessen. Vorher hat die Mutter sich mit rotem Puder die Füße und die Handflächen eingefärbt um damit ihre Freude auch äußerlich zu zeigen. Und der Vater hat ihr bestimmt einen neuen Sari gekauft. Jetzt hat er endlich Geld genug. Nach der Zeremonie wird es ein köstliches Essen geben mit vielen Gängen. Die Nachbarn kommen dazu und essen mit. Alle wünschen dem Kind ein glückliches Leben. Anschließend werden die Männer Bidis rauchen und Bangla trinken, den heimlich gebrauten Schnaps. Sie werden nicht eher aufhören, bis sie alle betrunken umfallen und irgendwo einschlafen.

Bei dem Gedanken an das Fest hat Ravi unwillkürlich seine Schritte beschleunigt. Er will es auf keinen Fall verpassen. Feste sind das Schönste, was es im Leben gibt. Für ein paar Stunden verwandelt sich die Welt. Alles Elend ist vergessen. Sorgen weichen der Sorglosigkeit. Freude und Lachen überstrahlen Not, Müdigkeit und Angst. An den Festen weilen die Götter auf Erden und nichts tut mehr weh.

Immer wieder fragt Ravi nach dem Weg zum Bahnhof. Er will keine Zeit verlieren mit unnützem Umherirren. Jedes Mal erkundigt er sich auch, ob es noch weit sei. Die Rikshamänner und Taxifahrer zeigen ihm die Richtung und antworten alle dasselbe: »Weit, ziemlich weit.«

Busse, Motorroller, Autos, Fahrräder, Karren und Wagen aller Art und Größe schieben sich durch die

Straßen. Dauernd müssen sie anhalten, weil die Kreuzungen verstopft sind. Dennoch kommen sie rascher an ihr Ziel als Ravi, dem schon bald die Beine schwer werden. Die Cholera hat ihn nicht umgebracht, aber ausgelaugt. Er muss sich eine Weile hinsetzen, trotz seiner Ungeduld.

An einem Straßenhydranten trinkt er Wasser, dann wandert er weiter in die angegebene Richtung. Die Straßen scheinen immer länger zu werden, immer mehr. Die Stadt kommt ihm endlos vor. Als er sich kaum noch auf den Beinen halten kann, legt er sich eine Weile unter einen Baum in einem Park. Vor kurzem haben andere Menschen hier ein Picknick gemacht. Papier liegt herum, dazwischen Schalen von Erdnüssen und Apfelsinen. Zusammen mit einer Schar Streifenhörnchen sucht Ravi nach Essensresten. Aber die kleinen Nager haben bereits alles gründlich durchwühlt. Außer der pelzigen Innenseite einer Apfelsinenschale findet Ravi nichts, was er auskauen könnte, und erst recht nichts zum Runterschlucken.

Er macht sich wieder auf den Weg. Als er endlich von ferne den Bahnhof sieht, ist die Sonne bereits untergegangen. Ravi hat nicht mehr die Kraft, heute noch bis zur Straße der Blechhandwerker zu laufen und dann hinauf, fast bis ans Ende der Straße, dort links in die Gasse, in der Faroog und Mirjam ihre Wohnung haben. Es ist unmöglich, er schafft es nicht mehr.

Ravi erinnert sich, dass zwischen den Gleisen eine Wasserpumpe ist. Er hat Durst. Er muss trinken. Und er muss essen. Wasser im Bauch macht nicht satt. Ihm ist schwindelig vor Erschöpfung. Wenn er nicht isst, kann er nicht weiterlaufen. Auch morgen nicht.

Zum ersten Mal in seinem Leben bettelt Ravi. Er geht in der Bahnhofshalle auf und ab. »Paisa, bitte, ich habe Hunger«, murmelt er. Dabei denkt er an Gulab, an die Verwandten und all die andern in Radapur. Zum Glück können sie ihn nicht sehen. Er schämt sich sehr.

Als er ein paar Münzen zusammen hat, geht er zum Bazar hinüber. Die Gegend ist ihm vertraut, obwohl er nur wenige Tage hier gelebt hat. Aber das genügt um ihm ein bisschen Sicherheit zu geben. Er fühlt sich nicht so verloren wie in den vielen unbekannten Straßen.

An Ramjis Straßenküche schiebt er wortlos die Münzen zwischen die Töpfe und blickt den alten Bekannten bittend an.

Ramji ist auch müde. Seit dem späten Vormittag hat er ohne Pause gearbeitet, hat Kunden bedient, sein Essen warm gehalten, Löffel und Teller gespült. Jetzt hat er sich gerade auf seinen Klapphocker gesetzt und raucht eine Bidi. Von einem Betteljungen lässt er sich nicht stören. So einer ist kein Gast. Für den steht er nicht auf.

Ravi wartet.

Ein Bekannter von Ramji kommt herbei. Die beiden Männer diskutieren über die Wahlen, die in wenigen Tagen in Indien stattfinden. Sie können sich nicht einig werden, welche Partei diesmal an die Regierung kommen muss. Der Bürstenverkäufer, der fünf Meter weiter seinen Stand hat, schreit jetzt auch noch seine

Meinung herüber. Aber der liegt scheinbar völlig falsch. Ramji springt auf, fuchtelt in der Luft herum, wirft die Kippe seiner Bidi-Zigarette weg und sagt dem Bürstenverkäufer gehörig seine politische Meinung.

Diese Situation nutzt eine Maus aus um sich geschwind ein paar Happen aus Ramjis Töpfen zu holen und gleich wieder zu verschwinden. Ravi wartet noch immer. Weil er müde ist, hockt er sich auf die Füße, in jener Haltung, die alle Fremden als äußerst unbequem und nach kurzer Zeit als schmerzhaft empfinden. Aber es ist alles nur Gewohnheit. Ravi kann stundenlang so ausharren und fühlt sich dabei wohl.

Die politische Debatte zieht immer größere Kreise und spaltet sich in zwei Lager. Mitten im heftigsten Streitgespräch reicht Ramji, ohne einen Blick auf den Jungen zu werfen, einen fast leeren Reistopf nach unten.

Ravi kratzt mit den Fingern das Angebrannte vom Boden. Nicht ein Reiskorn bleibt übrig. Als er den Topf zurückgibt, ist der so sauber, dass Ramji ihn nicht mehr zu spülen braucht.

Nun will Ravi nur noch schlafen. Es ist längst dunkel geworden. Er biegt ein in die Bazarstraße und läuft an den Ständen entlang. Viele sind schon verschlossen. Wer jetzt noch auf Kunden hofft, hat eine Kerosinlampe aufgehängt. Aber um diese Zeit sind nur noch wenige Menschen unterwegs und die suchen meistens einen Platz für die Nacht.

Ravi beobachtet einen Händler, der gerade eine Tür herunterklappt, die am Dach seiner Bude befestigt ist.

Dann zwängt er sich zwischen seine Waren und schiebt von innen einen Riegel vor. Die fensterlose, enge Bretterbude ist sein Laden und seine Wohnung zugleich. Ravi beneidet den Mann, der alles hat, was das Leben einfach macht: einen Platz zum Arbeiten und zum Schlafen.

Er selbst will für heute Nacht unter der Feigenpappel Schutz suchen. Ohne Reisstrohmatte und Decke muss er auf dem staubigen Boden liegen wie ein Hund. Aber es ist ja nur bis morgen.

Ravi findet den Tempel mit dem Brunnen davor auch im Dunkeln. Gleich daneben ist der Kissen- und-Decken-Stand. Auf dem Bazar verändert sich nichts.

Doch! Ravi stutzt. Der schmale Gang ist zugestellt. Irgendwer hat eine Tonne davor geschoben, die mit Steinen gefüllt ist.

Was soll das, überlegt Ravi. Ist es neuerdings Mode geworden, Mülleimer im Bazar aufzustellen? Na, wenn schon! Er ist oft genug auf Bäume geklettert, eine Abfalltonne bedeutet für ihn kein Hindernis. Außerdem ist das gar nicht schlecht. So eine Tonne hält nämlich Hunde ab und die können sehr lästig werden, wenn sie sich in Rudeln herumtreiben.

In dem engen Gang zwischen den beiden Buden ist es stockfinster. Ravi tastet sich an den Wänden entlang. Er kennt sich noch aus und gelangt, ohne zu stolpern, zu dem eingepferchten Baum. Ravi erinnert sich auch an die Mulde, ganz nahe am Stamm zwischen den beiden dicken Wurzeln. Da hinein legt er sich. Es ist fast wie eine Höhle. Ravi fühlt sich von dem Baum umschlungen. Seine Gedanken wandern zu einer anderen Feigenpappel, einer uralten, in der die Geister bei Vollmond ihr Unwesen treiben.

Über ihm in den Zweigen gibt ein Papagei durch einen kurzen knurrigen Laut zu verstehen, dass er den Jungen bemerkt hat, aber es nicht für notwendig hält, deshalb gleich die ganze Sippe mit schrillem Kreischen aufzuwecken.

Auch das erinnert Ravi an seinen Lieblingsbaum in Radapur. Er nimmt sich vor morgen früh mit einem Lockruf die Papageien zu verwirren. Vielleicht setzt sich auch hier einer auf seinen Arm. Die Kinder zu Hause haben ihn Vogelmensch genannt. Das hat ihn gefreut. Jetzt werden sie von ihm wohl dasselbe sagen wie von Ashok: Der ist reich geworden.

Ravi rutscht tiefer in die Mulde. Er möchte sich klein machen, am liebsten unsichtbar. Seine Gedanken huschen noch ein bisschen hierhin und dorthin. Aber die Erschöpfung ist groß. Sie bringt bald den Schlaf. Im Bazar ist es still geworden.

Doch die Ruhe ist nur kurz. Ravi wird jäh am Arm hochgerissen. Eine Taschenlampe blendet ihn und ein kalter, dünner Gegenstand drückt schmerzhaft gegen seine Brust. Der Gegenstand ist ein Messer.

Schattenhafte Gestalten umringen ihn. Ravi sieht nur ihre Augen blitzen. Er will zurückweichen. Hinter ihm stehen noch mehr. Einer dreht ihm die Arme auf den Rücken.

»Wie kommst du hierher?«, fragt eine Stimme aus

der Dunkelheit, die Ravi an das Kläffen der wilden Hunde erinnert.

»Durch den Gang da vorne«, stößt er gepresst hervor.

»Der Gang ist dicht. Du willst spionieren. Gib es zu!« Das Messer rutscht höher bis unter sein Kinn.

Ravi packt das blanke Entsetzen.

»Nein, nein, wirklich nicht. Ich habe hier früher schon geschlafen. Deshalb bin ich über die Tonne geklettert. Ich wusste nicht . . . «

Ravi bekommt einen Tritt, der ihn zu Boden schleudert, aber sofort reißt ihn jemand wieder hoch. Die kläffende Stimme fordert: »Du sagst augenblicklich, wer dein Boss ist. Wehe, du lügst. Ich warne dich nur einmal.«

Ravi kennt das englische Wort Boss nicht. Er weiß nicht, was der andere von ihm will. »Lass mich los, ich schlafe nie wieder hier. Bestimmt nicht! Was du da gesagt hast, so was habe ich nicht. Auch keine Arbeit. Ich verschwinde und komme nie wieder.«

Aber der andere lässt nicht locker. »Wer hat dir diesen Platz verraten?« Die Messerspitze drückt gegen seine Kehle. Nur ein winziger Ruck, ein kleiner Stoß – Ravi hat noch nie in seinem Leben solche Angst gehabt.

Was soll er nur sagen? Was wollen die von ihm? Er hat nichts gestohlen und bei ihm ist nichts zu holen. Gar nichts. In seiner Verzweiflung stammelt er, wie es tatsächlich war: »Ein Mädchen – sie bettelt hier. Sie heißt Sita.«

Die Taschenlampe schwenkt von Ravis Gesicht weg. Ihr Schein huscht über die Umstehenden. Dann verharrt er auf einem Gesicht, das von einem verfilzten Haarschopf umgeben ist. Ravi erkennt dieses Gesicht sofort.

Sie steht da, mit hängenden Schultern, und blinzelt ins Licht. Das Bettelmädchen Sita, das so frech lachen kann, flüstert jetzt: »Das ist doch lange her. Bevor ich zu euch gekommen bin.« In ihrer Stimme schwingt die Angst. »Vor dem Monsun war das. Er ist weggegangen aus dieser Gegend – und da kommt er einfach wieder? Ich meine . . .«

Was sie meint, kann sie nicht mehr sagen. Eine der Gestalten packt Sita an den Haaren und schlägt auf sie ein. Sie hält die Arme vor ihr Gesicht und duckt sich auf den Boden.

»Bringt sie weg«, befiehlt der Mann, der seine Stimme kläffen lassen kann wie die wilden Hunde. »Und den da nehmt gleich mit.«

14. Kapitel
In einem rabenschwarzen Loch

Ravi wird gezwungen, an einer Strickleiter über die Tempelhofmauer zu hangeln. Einen Augenblick hofft er, dass er in der Dunkelheit davonrennen kann.

Er setzt leise einen Fuß auf den Boden. Da wird er schon wieder gepackt. Der Griff ist wie ein Schraubstock, so fest. Ravi duckt sich. Er wagt einen Blick, doch außer blitzenden Augen und blitzenden Zähnen kann er nichts erkennen.

»Keine Faxen«, droht der andere. »Ihr kommt beide mit. Wagt nicht zu türmen, ich schnappe euch doch wieder.« Die Zähne blitzen.

Ravi muss an einen Esel denken, der die Lippen hochschiebt, weil er beißen will. Und so hart wie bei einem Esel sind auch die Stöße, die der Kerl austeilt.

Der Bazar und die Gassen liegen völlig im Dunkeln. Mond und Sterne sind hinter Dunst und Abgasen nicht zu sehen. Um die wenigen Straßenlaternen an den größeren Kreuzungen machen sie einen Bogen. Einmal, als sie dem Schein einer Hauslampe nicht ausweichen können, erkennt Ravi, dass der Kerl mit dem harten Griff dünn und lang ist.

Er hat einen geschorenen Schädel. Die Lampe wirft einen Schatten und vergrößert ihn gespenstisch. Wie ein Monster sieht er aus. Ein Monster, das zwei verängstigte Kinder in seinen Fangarmen hält.

Der Kerl hat mit einer Hand Sita, mit der anderen Ravi gepackt. Sita will die Schritte verlangsamen. Sie stolpert, bockt, sträubt sich. Doch die Fangarme lassen die Beute nicht los. Und ein Esel lässt nicht mit sich reden.

Nach längerem Trab durch Gassen und Gänge, an Elendshütten vorbei und über den Schotter von Bahngleisen, erreichen sie ein Grundstück, das mit einem hohen, eisernen Tor verschlossen ist. Ein gewaltiges Tor, aber verrottet.

Das Esel-Monster tritt kräftig dagegen. Rost knirscht, die Türangeln kreischen und das Tor schwenkt auf. Mit einem weiteren Tritt schließt es sich unter ebensolchem Kreischen und Knirschen wieder. Dahinter liegt ein dunkler Hof, ein nur schwach erhelltes Gebäude und dann ein rabenschwarzes Loch.

Es riecht modrig. Sita und Ravi sind allein. Der Kerl hat sie eingesperrt in einem Keller, einem Kerker, oder vielleicht ist es auch ein Käfig.

Ravi hockt sich auf seine Füße. Die Angst ist umgeschlagen in dumpfes Entsetzen. Sita schluchzt. Doch nicht lange, dann wird sie wütend.

»Trottel!«, faucht sie ihn an. »Warum hast du mir das angetan? Ich habe euch damals geholfen und du verrätst mich dafür. Nur wegen dir sitze ich jetzt in der Falle.«

Ravi antwortet nicht auf ihren Vorwurf. Er sitzt genauso in der Falle. Was soll er auch mit Sita reden? Sie gehört doch auch zu dieser Bande.

»Warum treibst du dich wieder am Bahnhof

herum?«, schimpft sie weiter. »Du bist bestimmt immer noch der Einfaltspinsel vom Dorf, der sich kaum über die Straße traut.« Dann fragt sie etwas versöhnlicher: »Hast du deine Eltern verloren?«

Ravi ist viel zu erschöpft zum Streiten. In knappen Sätzen erzählt er von seiner Krankheit, dem weiten Weg, den er zurückgelegt hat, und von seiner Müdigkeit.

»Cholera? Und du lebst noch?«

Respekt ist aus Sitas Stimme zu hören. Sie ist nicht mehr ganz so wütend. »Weißt du überhaupt, wem du in die Quere gekommen bist?«

»Nein, ich verstehe gar nichts«, gibt Ravi zu.

Sitas Stimme wird deutlich leiser und bekommt einen verschwörerischen Tonfall. »Schon mal was vom Kinderkönig gehört?«, fragt sie.

»Kinderkönig?«, wiederholt Ravi ebenso leise. »Was ist das?«

Sita seufzt. »Frag lieber, wer das ist. Aber die Frage kann ich dir leider nicht beantworten. Nur so viel ist sicher, es gibt ihn. Bestimmt ist er reich und fett. Ich habe ihn noch nie gesehen und die anderen Kinder, die für ihn Rupien herbeischaffen müssen, auch nicht. Du hast immer nur mit den Schleppern und Aufpassern zu tun. Versuch ja nicht, beim Betteln die kleinste Münze für dich zu behalten, sonst kannst du was erleben.«

»Ich gehe nicht für diesen Kinderkönig betteln«, empört sich Ravi. »Er kann mich nicht mit Gewalt festhalten.«

»Er kann!«, sagt Sita. »Merkst du das noch immer

nicht? Seine Aufpasser wissen schon zu verhindern, dass du ausreißt. Sie halten dich für einen Spitzel. Seit einiger Zeit treibt sich nämlich eine andere Bettlerbande in unserer Gegend rum. Keiner weiß, wer dahinter steckt. Nun gibt es dauernd Schlägereien. Sie nehmen uns die paar Rupien ab, die wir mühsam zusammengebracht haben. Sobald die Leute des Kinderkönigs wissen, wo die andern ihr Lager haben, gibt es einen Bandenkrieg.«

»Ich habe doch nur unter dem Baum geschlafen. Hast du schon mal gehört, dass ein Spitzel schläft?«, verteidigt sich Ravi. »Warum verstehen die das denn nicht?« Ihm wird ganz heiß in dem engen Loch. In was ist er da nur hineingetappt!

»Sprich leise, ich weiß nicht, ob uns jemand hören kann«, sagt Sita. »Deinetwegen habe ich schon genug Ärger.« Wieder bekommt ihre Stimme den verschwörerischen Ton. »Auch wenn sie dir glauben, lassen sie dich nicht laufen. Nachts werden unsaubere Geschäfte abgewickelt hinter den Buden des Bazars. Sie wollen wissen, was du mitgekriegt hast.«

»Ich will raus!« Ravi springt auf und stößt sich dabei den Kopf. Die Decke in diesem Gefängnis ist so niedrig, dass er nicht einmal aufrecht stehen kann.

Ravi zittert. Er keucht. Mit beiden Fäusten hämmert er gegen die Klappe, durch die er in diese Gruft hineingestoßen wurde.

»Macht auf!«, schreit er so laut er kann. »Ich will raus! Das halte ich nicht aus.«

Sita tastet nach seinem Arm, nach seinen Händen.

»Hör mit dem Gebrüll auf. Sie lachen höchstens da oben über dich. Komm, hock dich wieder hin. Deine Aufregung nützt dir gar nichts. Je mehr du dich hineinsteigerst, umso schlimmer wird es. Glaub mir, ich kenne das. Lass uns lieber gemeinsam überlegen, wie du abhauen kannst.«

Ravi holt ganz tief Luft. Er versucht sich zu beruhigen. Sita hat ja Recht. Aber so einfach ist das nicht. Er schluckt und würgt, will die Angst in sich hineinfressen. Seine Kehle ist ganz eng und sein Mund trocken. Er ist so aufgeregt und durcheinander, dass er keinen klaren Gedanken mehr fassen kann.

Sita zieht ihn zu sich herunter. »Nun hör mir endlich zu«, befiehlt sie. »Ich will nicht mit einem Irren in dieser Falle stecken. Es reicht mir so schon.«

Eine Weile sitzen sie stumm nebeneinander. Als Ravi sich einigermaßen entspannt hat, fragt er flüsternd: »Meinst du, sie lassen mich wieder laufen, wenn ich ihnen genau erkläre, warum ich unter dem Baum geschlafen habe? Wegen der Cholera und dem weiten Weg und all das.«

»Nein, das meine ich nicht. Der Kinderkönig braucht immer Nachwuchs. Je mehr Kinder für ihn unterwegs sind, umso reicher wird er«, sagt Sita. »Das ist doch klar. Und du bist ihm direkt vor die Füße gelaufen. Außerdem könntest du etwas verraten, an die andere Bande, an die Polizei oder sonst wen.«

»Warum hast du uns den Baum gezeigt, damals, als wir nach Delhi kamen?«, will Ravi wissen. »Du bist hinterhältig und gemein.«

»Bin ich nicht! Der Treffpunkt ist neu. Ich weiß nicht, wer ihn entdeckt hat. Ich habe jedenfalls nichts verraten. Früher war ich doch selber oft in der Nacht dort. Es war mein Lieblingsplatz. Jetzt haben sie die Tonne vor den Gang gestellt. Das hätte dich warnen müssen. Panshu, der Deckenhändler, und sein Nachbar sagen nichts und merken nichts, weil sie Angst haben, dass ihnen sonst eines Nachts der Laden abbrennt. So ist das nämlich.«

Ravi wird nicht schlau aus Sita. Auf welcher Seite steht sie eigentlich? »Du redest über die Bande, als seien das Feinde von dir. Dabei gehörst du doch selber dazu. Das verstehe ich nicht.«

»Man kann sich nicht aussuchen, wohin man gehört«, sagt Sita nach einigem Zögern. »Das ist nun mal so gekommen. Mich hat einer von den Schleppern angesprochen, als ich krank war und ganz aufgeweicht vom Regen. Er hat mir Süßigkeiten geschenkt. Ich dachte, Ganesha steht vor mir oder ein anderer Gott. Dann hat er mir sogar ein Bett versprochen. Stell dir das doch mal vor, ein Bett für mich alleine! In einem richtigen Haus! Und morgens und abends eine warme Mahlzeit. Mir hat sich alles im Kopf gedreht. Trotzdem habe ich gleich gewusst, die Sache hat einen Haken. Ich habe ihn gefragt, ob ich dafür bezahlen muss.

Der Kerl, der mir wie ein Gott vorkam, hat gelacht und vom Kinderkönig erzählt. Es klang wie ein Märchen, aber doch auch wieder so, als könne es wahr sein. Wenn du allein bist, und immer dieser schreckliche

Hunger – da ist dir alles egal, du willst nur, dass es zu Ende ist. Kennst du so was nicht?«

»Doch«, sagt Ravi, »ich weiß, was du meinst. Hast du denn keine Eltern mehr?«

»Irgendwann hatte ich mal eine Mutter. An die kann ich mich kaum noch erinnern. Mit meinem Vater habe ich ein paar Jahre unter einer Plane gewohnt. Aber eines Tages ist er weggegangen. Einfach so. Ich habe gewartet und gewartet, einen halben Winter lang. Er ist nicht zurückgekommen. Und plötzlich steht da einer und gibt mir Süßes und verspricht mir ein Bett. Da bin ich mitgegangen.«

Sita fängt an zu weinen. Ravi, der dicht neben ihr sitzt, spürt, wie das Schluchzen durch ihren mageren Körper zuckt.

»Aber sie schenken uns hier nichts«, erzählt sie leise weiter. »Abendessen gibt es nur, wenn du genug Rupien ablieferst. Sonst lassen sie dich zur Strafe hungern. Betten habe ich noch keine gesehen. Oben, unterm Dach, stehen wackelige Shabois. Die meisten sind kaputt. Die Gurte halten nicht mehr oder ein Bein ist abgebrochen. Einige klappen zusammen, wenn man sich darauf legt. Morgens bekommen wir oft nur einen Becher Shai. Dann jagen sie uns zum Betteln auf die Straße. Oder wir müssen nachts raus. Das ist noch schlimmer.«

»Nachts?«, wundert sich Ravi. »Wie kann man denn in der Dunkelheit betteln? Da sind doch kaum Leute unterwegs.«

Sita rutscht noch ein bisschen näher an Ravi heran.

»Betteln? Stehlen! Wir müssen in kleine Läden einbrechen und die Waren herausholen. Die Aufpasser stehen in sicherer Entfernung und nehmen nur Sachen an, wenn die Luft rein ist. Neulich erst hat die Polizei vier von uns geschnappt. Meine Freundin war dabei. Ich habe gesehen, wie die Polizei sie verprügelt hat. Es war schrecklich. Jetzt ist sie in einer Anstalt für Verwahrloste und Verbrecherkinder. Ich kann dir zeigen, wo diese Anstalt ist. Ich war dort und wollte meine Freundin besuchen. Das Haus liegt hinter einer dicken Mauer. Obendrauf ist Stacheldraht. Der Mann am Eingang hat mich nicht reingelassen. Besuch ist da nämlich verboten. Ich habe vom Kinderkönig erzählt, wozu er uns zwingt und dass meine Freundin nichts dafür kann. Aber der Kerl hat gegrinst, so ganz breit und gemein. Dann hat er noch gesagt, wenn das so sei, käme ich bestimmt auch bald zu ihm. Dann sähe ich meine Freundin wieder. Er hat mir einen Stoß versetzt und von innen die Tür verriegelt.«

Sita zieht noch ein paar Mal geräuschvoll die Nase hoch. Doch sie wird ruhiger. Auch Ravis Panik hat sich gelegt. Sie hocken nahe beieinander, das macht ein bisschen Mut.

Ravi denkt sich Fluchtwege aus, durch ein Fenster, über Dächer, dann ein gewagter Sprung. Vielleicht kann er mit Sitas Hilfe den Deckel hochheben – ganz leise ... Schritt für Schritt ... Flüsternd fragt er: »Sita, warum haust du nicht einfach ab, wenn es hier so fürchterlich ist?«

»Wohin denn?«, fragt Sita zurück.

Darauf weiß Ravi keine Antwort. Er denkt an die Eltern, an Mirjam und Faroog. Er beginnt zu erzählen, von der Einraumwohnung mit elektrischem Licht und einer richtigen Tür. Es ist schön dort. Er erzählt von dem Vater, der an den Bahngleisen Geld verdient, viel Geld. Der mietet jetzt auch so eine Wohnung und danach baut er ein Haus.

In einem rabenschwarzen Loch kann man sich die Wirklichkeit gut ein wenig zurechtträumen. Und vielleicht ist ja auch tatsächlich alles so oder ähnlich. Man weiß es nur noch nicht.

»Wir machen einen Laden auf oder eine Panbude«, sagt Ravi. »Wenn du mir hilfst, hier wegzukommen, dann helfe ich dir auch.«

Sita fasst nach Ravis Hand. Sie antwortet nicht gleich, denn nun fängt sie auch an zu träumen.

15. Kapitel
Die Untertanen des Kinderkönigs

Die Strafe im dunklen Loch endet irgendwann am nächsten Vormittag. Als die Luke geöffnet wird, blinzelt Ravi. Er muss die Hand über seine Augen halten. Es dauert eine Weile, bis er sich an die Helligkeit gewöhnt hat.

Sofort geht das Verhör wieder los. Zwei junge Männer, kaum über zwanzig, spielen sich mächtig auf. Aber sie drohen nicht mit einem Messer und sie sind nicht so grob wie das Esel-Monster.

Nachdem Ravi zum zehnten Mal beteuert hat, dass er nur einen Platz zum Schlafen gesucht hat und dass er keinen Boss kennt und keine Kinder, die zu einer Bande gehören, geben sich die beiden zufrieden. Die Sache wird langweilig. Sie schauen sich lieber einen amerikanischen Kriegsfilm auf Video an.

»O. K.«, sagt der eine, schon ganz bei seinen Helden in Uniform. »Du kannst was essen, aber du verlässt nicht das Haus. Kapiert?«

Ravi schlenkert auf jene Weise mit dem Kopf, die in Indien »Ja« bedeutet.

Sita winkt und zeigt ihm, wo der Topf mit Shai steht. Eine Frau, die an ihrem weißen Sari als Witwe zu erkennen ist, backt gerade Shapatis. Sita langt, ohne zu fragen, nach dem heißen Weizenfladen. Sie wirft ihn ein paar Mal in die Luft, damit er abkühlt. Dann reißt sie ihn mittendurch. Eine Hälfte gibt sie Ravi ab.

»Hm, der schmeckt! Bei den Missionarinnen gab es morgens auch Shapatis«, sagt Ravi zu der Frau.

Aber sie reagiert nicht. Sie blickt ihn nicht einmal an.

»Lass es sein, sie kann dich nicht hören«, klärt Sita ihn auf. »Ihre Ohren sind kaputt. Wenn du was von ihr willst, musst du dich mit Händen und Füßen verständlich machen.«

Sita macht ihm das auch gleich vor. Sie tippt der Frau auf den Arm, zeigt auf sich und Ravi und die heiße Platte, auf der die Shapatis gebacken werden.

In dem Gesicht der Frau ist keinerlei Reaktion zu erkennen, auch mit keiner Geste zeigt sie an, dass sie Sita verstanden hat. Ihr Rücken und ihr Kopf sind gebeugt, der Sari ist weit ins Gesicht gezogen. Sie hat sich abgekapselt von allem, was um sie herum geschieht.

Aber sie ist nicht ablehnend gegen die Kinder, nur müde und langsam von all der Arbeit, die sie schon in ihrem Leben getan hat. Sie nimmt ein wenig Teig von einem Teller, knetet ihn, lässt ihn zwischen den Händen kreisen, zieht und presst, bis er hauchdünn ist, und wirft ihn dann auf die heiße Platte.

»Sie ist lieb«, sagt Sita. »Deshalb nenne ich sie Mataji. Sie kann es zwar nicht hören, aber vielleicht fühlt sie es. Außerdem weiß niemand, wie sie heißt.«

Mataji reicht ihr den heißen Fladen, ohne sie anzusehen, ohne den Kopf auch nur ein wenig zu heben. Als ihr Sari zurückrutscht, zieht sie ihn sofort wieder vor Mund und Nase und wirft das Ende über die Schulter.

Diese stille Frau erinnert Ravi an eine andere Witwe aus Radapur. Sie hockte sich eines Tages auf ihre Füße und beschloss zu sterben. Sie blieb auf ihren Füßen sitzen ohne zu reden, ohne die Leute anzusehen, die zu ihr kamen, ohne die Speisen zu berühren, die ihre Tochter ihr hinstellte. Sie starb in dieser Hockstellung, den weißen Sari vor das Gesicht gezogen.

»Komm, ich zeige dir das Haus«, reißt Sita Ravi aus seinen Gedanken. Er trinkt erst noch einen Becher Shai, dann folgt er ihr.

»Das Ganze war mal eine Jutefabrik. Aber die Reichen brauchen keine Jute mehr. Da ging die Fabrik pleite. Kannst du lesen? – Nein? Schade! Da oben steht nämlich ein Spruch an der Wand, so was mit Jute und göttlicher Güte. Ich kann leider auch nicht lesen. Werde ich wohl in diesem Leben auch nicht mehr lernen.« Sita kratzt sich am Kopf.

Die Hindischrift, auf die Sita zeigt, ist verblasst und von Schimmel überzogen. Das Fenster darüber hat keine Scheiben mehr. Der eiserne Rahmen ist halb herausgebrochen und hängt bedrohlich über Matajis Kochecke. Es sieht aus, als könne er bei der kleinsten Erschütterung herausfallen. Vielleicht war hier früher mal ein Büro.

Links daneben führt ein Gang in die ehemalige Eingangshalle. Man erkennt die Halle nur noch an der großen Außentür. Neben dieser Tür und halb davor geschoben steht ein Sofa. Darauf sitzen die beiden Aufpasser jetzt. Der Fernseher steht vor ihnen, mitten im Raum. Er ist auf volle Lautstärke gestellt. Der eine Aufpasser kaut an seinen Nägeln, der andere zieht mit Hingabe Kaugummifäden aus seinem Mund und angelt sie mit der Zunge wieder zurück.

Das anhaltende Geknatter von Maschinengewehren und das ebenso anhaltende Männergebrüll in der Filmhandlung machen Ravi neugierig. Er schiebt sich an der Wand entlang ein wenig näher. Bis zu dem Sofa traut er sich nicht. So kann er nur die linke untere Ecke vom Bildschirm sehen. Aber da geschieht meistens nichts.

Sita tippt ihm auf die Schulter. »Nicht für uns! Komm hier weg, sonst fällt ihnen bestimmt irgendeine

Gemeinheit ein. Außerdem will ich dir das Haus zeigen.«

Sie geht auf eine kleinere Tür zu, ganz am anderen Ende des Raumes. Dahinter sieht Ravi einen hohen, länglichen Raum, die eigentliche Fabrik. Zwischen verrotteten Seilwinden, zusammengebrochenen Hebeln und Schwungrädern, Rollen, Spulen und anderem Schrott, alles noch aus Zeiten der Jutefabrikation, sortieren Kinder Altpapier. Die meisten sind Mädchen, viele jünger als zehn Jahre. Aus einem Wust von Zeitungsfetzen, Pappe und schmierigem Einwickelpapier formen sie Packen von annähernd gleicher Größe, binden sie zusammen und stapeln sie an den Wänden. Andere Kinder schneiden aus halbwegs sauberen Zeitungen Stücke aus, die sie zu Tüten kleben.

»Die Kleinen schickt der Kinderkönig nicht zum Betteln. Sie bringen nicht genug Geld, weil sie zu schwach sind die Leute so lange zu belästigen, bis die was rausrücken. Es sind alles verloren gegangene Kinder, die von den Schleppern aufgesammelt wurden«, erzählt Sita.

Sie steigt über Altpapierhaufen und zwängt sich an dem verrotteten Gerümpel vorbei zu einer eisernen Stiege, die kein Geländer mehr hat.

»Pass auf«, warnt sie. »Der Rost hat die Treppenstufen messerscharf gemacht. Du hast auch keine Schuhe an. Vor zwei Wochen ist ein Junge an Blutvergiftung gestorben. Er hatte sich den Fuß aufgeschnitten.«

Ravi folgt Sita auf einen Dachboden oberhalb der Fabrikhalle. Auch hier stapelt sich noch Krempel aus ehemaligen Zeiten, dazwischen verstreut Reisstrohmatten, Baumwolldecken, einige Kleidungsstücke und die üblichen Shabois. Das ist der Schlafraum für die Untertanen des Kinderkönigs.

Ravi steht noch immer an der Treppe. Hier sieht es aus wie nach einem Sturm, wie nach dem großen Unwetter, als Radapur ganz verwüstet war. Aber die Bewohner haben das Dorf wieder aufgeräumt. Und die Jahreszeiten haben die restlichen Spuren verwischt oder fortgespült. Hier hat nie einer aufgeräumt und die Jahreszeiten haben alles nur gleichmäßig mit Staub überdeckt.

»Ich schlafe jetzt«, kündigt Sita an. »Im Augenblick ist noch Platz. Und eine Decke kriegst du auch. Das ist selten. Wenn die Aufpasser da unten keine Lust mehr zum Fernsehen haben, jagen sie uns bestimmt wieder raus.« Sie sucht sich eine Matte und ist nicht mehr ansprechbar.

Auch Ravi legt sich hin. Er ist ganz sicher, dass er nicht schlafen kann. Die Strapazen, die Angst, die Aufregung und all die beunruhigenden Eindrücke haben ihn überwach gemacht. Doch es dauert kaum ein paar Minuten, da hört und sieht er nichts mehr, obwohl ihm die Sonne durch eine Dachluke ins Gesicht scheint.

In diesem tiefen Schlaf löst sich alle Angst auf. Kein Traum stört ihn. Kein Geräusch, kein Schmerz kann ihm etwas anhaben. Der Tag geht vorbei, ohne dass er es merkt.

Ravi wacht erst wieder auf, als ihn jemand von der Strohmatte schubst und die Decke wegzieht.

»He, Neuer, da schlafe ich«, sagt ein Mädchen, das einen schönen langen Zopf hat.

Ravi mag Mädchen mit so einem geflochtenen Zopf, der ihnen den Rücken hinunterhängt. In Radapur haben sich die Mädchen gegenseitig gekämmt und die Läuse abgesucht. Auch im Hof bei Mirjam, wo der Bengale sein Diebesgut anbietet, sitzen sie zusammen, suchen sich die Läuse ab und flechten einander die schwarzen, langen Haare zu einem dicken Zopf. Sita dagegen mit ihrer verfilzten Mähne sieht eher wie einer von den hungrigen Geistern aus, von denen der greise Swami oft erzählt hat.

»He, schlaf nicht im Sitzen weiter! Oder rück wenigstens ein Stück. Jetzt will ich da hin.«

Das Mädchen beugt sich über ihn und versucht Ravi wegzuschieben. Dabei fällt ihr Zopf über die Schulter und baumelt Ravi vor dem Gesicht.

Er greift danach und hält ihn fest. Da wird das Mädchen wütend. Sie knufft ihn und hilft auch mit den Füßen nach. Ravi lacht und verzieht sich.

Es wimmelt hier jetzt von Kindern, größeren und kleinen. Bestimmt sind die Bettler zurückgekommen und die Altpapierpacker haben ihre dreckige Arbeit eingestellt. Sita ist nirgends zu sehen.

Ravi steigt vorsichtig die Treppe hinunter, durchquert die Fabrikhalle und sucht Matajis Kochecke auf.

Was ist denn hier los? Ravi bleibt verwundert stehen. Um die stumme Frau brandet ein Tumult. Kinder schreien und boxen sich gegenseitig aus dem Weg. Gierig wie eine Hundemeute fallen sie über die Töpfe her, reißen einander Schälchen mit Reis aus den Händen, schlingen im Stehen das heiße Essen hinunter und versuchen ein zweites Mal ein paar Happen zu erwischen.

Entsetzt schaut Ravi dieser Essensschlacht zu. Er zögert einen Augenblick. Doch dann hat er begriffen, wie man hier überlebt oder untergeht.

Ravi drängelt, stößt, wühlt mit den anderen, bis er einen Napf voll Reis mit Currysoße erkämpft hat. So schnell wie möglich schluckt er das Essen hinunter. Nur was man im Bauch hat, kann einem keiner mehr wegnehmen.

Ganz plötzlich verstummt das Geschrei. Die Kinder gehen auseinander, als sei nichts gewesen. Die Töpfe sind leer.

Der Fernseher dröhnt noch immer, obwohl keiner mehr auf dem Sofa sitzt. Die zwei Aufpasser stehen mit anderen Männern zusammen. Einer davon ist das Esel-Monster. Ravi erkennt den groben Kerl sofort, obwohl er ihn letzte Nacht nur undeutlich in der Dunkelheit gesehen hat.

Und der andere erkennt ihn auch. Er schnalzt mit den Fingern, zeigt auf Ravi und deutet mit einer Geste an, er solle ihm folgen.

Ravi traut sich nicht diesen Befehl zu missachten.

Sie gehen in die Fabrikhalle. Dort sitzen Sita und ein Junge auf einem Balken. Beide halten einen braunen Sack in der Hand.

»Nimm dir auch einen«, befiehlt der Kerl mit dem geschorenen Kopf. »Du gehst mit zum Altpapiersammeln. Da kannst du dich bewähren.«

Ravi schnappt sich einen der Säcke, die hier haufenweise herumliegen. Heute also schon! Und Sita ist auch dabei. Sobald sich eine günstige Gelegenheit ergibt, wollen sie beide abhauen. So haben sie es sich in dem rabenschwarzen Loch vorgenommen und gegenseitig versprochen.

Ravi ist sehr aufgeregt. Ob es Sita auch so geht? Verstohlen schaut er zu ihr hin. Er versucht ihr ein Zeichen mit den Augen zu geben. Aber sie weicht seinem Blick aus. Was hat sie denn auf einmal? Warum tut sie so ablehnend? Ravi wird aus ihr nicht schlau. Bei Sita weiß er nie, auf welcher Seite sie steht.

16. Kapitel
Der Einbruch

Ravi täuscht große Emsigkeit vor. Jeden Schnipsel hebt er auf. Das Esel-Monster lässt ihn nicht aus den Augen. Als Ravi einmal bewusst hinter den andern zurückbleibt um zu sehen, wie der Aufpasser reagiert, schnalzt der gleich mit den Fingern und macht eine unmissverständliche Geste: Hierher!

Wie ein Dompteur benimmt sich der Kerl. Als ob er dressierte Affen vor sich hätte!

Ravi schiebt sich an Sita heran. »Was ist mit dir?«, tuschelt er. »Du weißt schon, was ich meine.«

Sita wechselt die Straßenseite, obwohl nirgends Papier liegt.

Dafür sucht der andere Junge Ravis Nähe. »Woher kommst du?«, will er wissen. »Sind deine Eltern auch spurlos verschwunden wie bei mir? Ich habe ein Jahr lang mit meiner Schwester zusammen gebettelt. Aber dann kam ein Sahib, der nach Parfüm roch. Er hat sie in seinem Auto mitgenommen, weil sie so schön war. Sie ist nicht wiedergekommen. Ich heiße übrigens Anuar.«

Ravi antwortet ausweichend und zerstreut. Er ist so sehr mit seinen eigenen Gedanken beschäftigt, dass er gar nicht richtig zuhören kann. Warum Sita wohl so komisch ist?

Sie durchstreifen eine Einkaufsstraße mit kleinen Läden, von denen nur wenige ein Schaufenster haben. Der Aufpasser dirigiert die Kinder in eine Seitengasse, dann in eine andere. Er scheint eine bestimmte Richtung einzuschlagen. Immer enger und unübersichtlicher wird das Gewirr von Gängen und Gassen dieses Altstadtviertels. Sie gelangen an einen Platz, nicht größer als ein Vorgarten. In der Mitte steht eine Gottheit, von einem Baldachin aus Zement überdacht. Davor brennt eine Laterne. Rundum reihen sich Verkaufsbuden und billige Lokale aneinander. Alle Läden haben bereits geschlossen. Nur noch wenige Menschen sind unterwegs. Zum Altpapiersammeln ist es viel zu dunkel. Man kann kaum noch etwas unterscheiden.

Ravi ist hellwach. Er muss den richtigen Augenblick abpassen, muss losrennen, sich blitzschnell verdrücken.

Er versucht, nicht aufzufallen und sich gleichzeitig ein bisschen von den anderen zu entfernen. So hat er es mit Sita besprochen. Warum macht sie jetzt nicht mit?

Das Esel-Monster packt seinen Arm. Dann zieht er auch Sita zu sich heran und duckt sich mit beiden an die Seitenwand einer Bude. Anuar folgt freiwillig.

Keiner spricht mehr. Die Spannung ist kaum auszuhalten. Sita stößt immer wieder hörbar die Luft aus, als sei ihre Brust zum Platzen voll. Der einheitliche Krach des Tages hat sich aufgelöst in Einzelgeräusche, nah und weiter weg. Ein Hund winselt im Schlaf, ein Motor wird abgebremst. Hier muss eine Fahrstraße in der Nähe sein, irgendwo rechts. Eine brüchige Männerstimme ruft Mantras in langgezogenen Tönen. Die Stimme klingt fistelig, verbraucht. Vielleicht ein Obdachloser, der darum bittet, den neuen Tag noch zu erleben.

Und dann, für einen kurzen Moment, ist absolute Stille. Ravi wagt kaum zu atmen. Das Esel-Monster zieht etwas aus seinem Hemd. Es ist ein stabiler Schraubenzieher. Ravi hört, wie er mit den Fingern über das Metall fährt. Er steckt ihn Anuar zu.

»Den Tabakladen«, flüstert er, »den du schon einmal geknackt hast. Los jetzt!«

Die drei Kinder huschen über den Platz. Der Kerl bleibt feige zurück. Ravi weiß, dass er sich jetzt entscheiden muss. Wenn Sita nicht mitmacht, dann eben nicht. Er schafft das auch ohne sie. Er muss sich jetzt absetzen, muss einfach losstürmen, ohne zu überlegen, ohne zu fragen. Egal wohin, nur weg!

Aber er läuft weiter mit. Es ist wie verhext. Links neben sich spürt er Sitas Arm, rechts keucht Anuar, der den Schraubenzieher mit beiden Händen gepackt hat. Er keucht, weil er Angst hat. Die überträgt sich noch auf Ravi, der ohnehin schon halb verrückt ist.

Wenn es wenigstens hell wäre, dann könnte er rennen wie nie zuvor in seinem Leben! Ausreißen kann man besser am Tag. In der Nacht muss man sich lösen, davonschleichen, geräuschlos wie ein Schatten.

Ravi kann sich nicht lösen. Die Angst lähmt ihn. Er bleibt bei den andern und weiß nicht, warum.

Anuar schiebt die Klinge des Schraubenziehers hinter den Riegel einer Ladentür. Holz knirscht und splittert. Er bohrt tiefer, reißt, bricht. Endlich gibt das Schloss nach.

Sie halten alle drei den Atem an und horchen. Der Hund winselt wieder, ein Motorroller knattert irgendwo weit weg. Sonst bleibt es still. Da dringen sie in den Laden ein. Sie greifen in die Regale, tasten nach Zigarettenpäckchen und stecken sie in großer Hast in ihre Säcke. Es ist so eng, dass sie sich gegenseitig behindern.

Die Säcke sind unhandlich. Die Zigarettenschachteln rutschen daneben. Ravi bückt sich, hebt sie vom Boden auf, da ist ihm, als höre er ein schrilles Geräusch. Ein Pfiff, ein Quietschen, ein Schrei? Noch ehe er darüber nachdenken kann, was das war, stürzt Sita an ihm vorbei. Ravi begreift ohne nachzudenken. Er läuft hinter Sita her. Mit einem Mal sind da Männerstimmen, das Aufblitzen einer Taschenlampe, Rufe.

Ravi stolpert über etwas, das am Boden liegt – ein Mensch, ein Hund, ein Abfallhaufen – er fällt, rappelt sich wieder auf, biegt in einen Gang ein, wird gepackt und in einen Verschlag gezerrt.

Er versucht sich zu wehren, hört Sitas Stimme, hält inne und zittert nur noch. Die ganze Zeit über hat er den Sack verkrampft in einer Hand festgehalten. Jetzt erst lässt er ihn los.

Nachdem sein Atem ruhiger geworden ist, versucht er zu erkennen, wo er ist. Neben sich fühlt er die Wärme eines Körpers. Da liegt jemand. Er hört Atemzüge, Kinderhusten, Räuspern und Rascheln. Eine Familie muß hier ihren Unterschlupf haben. Es riecht nach Rauch, Schweiß und Urin, nach Armut.

»Versuch zu schlafen«, flüstert Sita, »wir verschwinden, sobald es Morgen wird.«

Ravi versucht es. Er tastet nach einem freien Platz am Boden. Jemand rückt zur Seite. Sita drängt sich dicht an ihn. Obwohl Ravi die Menschen um sich herum nicht kennt, sie nicht einmal sehen kann, vertraut er ihnen. Armut und Angst halten zusammen.

Aber schlafen kann er nicht. Immer wieder horcht er nach draußen. Jedes Geräusch klingt verdächtig. Manchmal ist da ein Jammern, ein Stöhnen. Was ist das? Ein Kranker oder die Seele eines Verstorbenen, der keine Ruhe findet? Sind es Rachegeister, die ihn peinigen wollen? Der Mond, der den ganzen Abend hinter Wolken versteckt war, scheint jetzt hell. Ravi spürt ihn auf seinem Gesicht. Er kneift die Augen fest zu, er will nicht wissen, ob heute Vollmond ist.

Wo ist Anuar? Ob er sich auch verstecken konnte? Hoffentlich haben sie ihn nicht erwischt. Ach, wenn doch endlich der Tag beginnen würde, damit die quälenden Nachtgedanken verschwinden.

Irgendwann nickt er doch noch ein und merkt es erst, als ihn eine Hand an den Schultern rüttelt. Eine Frau beugt sich über ihn. Sie deutet ihm wortlos an zu gehen.

Sita schnarcht. Sie hat öfter unruhig im Schlaf vor sich hin gegrummelt, geschnauft oder ist zusammengezuckt.

Ravi stößt sie an. Er lässt nicht von ihr ab, bis sie sich aufrichtet und die Augen reibt.

»Wir müssen weg«, zischt er ihr zu. Dann schlägt er eine Plane zurück und kriecht nach draußen.

Es ist eine Art Lumpenzelt, in dem sie Schutz gefunden haben, das Obdach einer Familie auf dem Bürgersteig. Die Frau, die ihn geweckt hat, kocht Shai auf dem tragbaren Ofen, den sie neben das Zelt gestellt hat. Ravi murmelt eine Entschuldigung, weil er bei ihr eingedrungen ist. Er bittet sie, nicht böse auf ihn und Sita zu sein.

Die Frau lächelt voller Herzlichkeit und Verständnis. Sie reicht ihm einen Becher Shai. Auch Sita bekommt einen.

Nachdem Sita ausgetrunken hat, nimmt sie ihren Sack, greift hinein und steckt der Frau eine Packung Zigaretten zu. Dann legt sie höflich die Hände vor der Brust zusammen und grüßt zum Abschied. »Namaste Mataji!« Sita weiß, was sich gehört.

Doch nun hat sie es eilig wegzukommen. Auch Ravi wird immer aufgeregter. Er hat seinen Sack unter den Arm geklemmt. So fällt er weniger auf.

Der Platz ist ganz nahe, der aufgebrochene Laden gleich um die Ecke. Hinter jedem Fenster ringsum kann jemand auf der Lauer liegen; der Besitzer, ein Freund von ihm oder die Polizei. Ravi traut sich gar nicht aufzublicken. Bloß weg von hier!

In wenigen Minuten haben sie das Gewirr der Altstadtgassen hinter sich gelassen. Sie kommen zu einer breiten Fahrstraße, die Ravi wiedererkennt. Von hier ist es gar nicht mehr weit bis zu den Blechhandwerkern.

»Komm!«, ruft er Sita zu. »Hier lang!«

Sie ist entschlossen weitergegangen. Nun dreht sie sich um.

»Da lang!«, widerspricht sie und zeigt in die entgegengesetzte Richtung.

»Bestimmt nicht!« Ravi läuft zu ihr. »Ich kenne den Weg. Wir müssen nur noch über die große Kreuzung, dann links und noch mal abbiegen, bis –«

»Und dann?«, schreit Sita. Ihr Gesicht verkrampft sich, weil sie Tränen unterdrückt. »Wenn wir die Wohnung gefunden haben von Faroog und Mirjam und deinen Eltern und dem kleinen Nasir und und und . . . Was dann?«

Ravi guckt sie verständnislos an. »Dann sind wir zu Hause«, sagt er.

»Ja, du bist zu Hause. Aber nicht mal das stimmt.« Sita schluckt und zieht die Nase hoch. »Deine Eltern freuen sich über dich. Über mich freuen sie sich nicht. Vielleicht darf ich ein paar Tage bleiben, und dann? Niemand nimmt eine Tochter auf, für die er später eine schrecklich hohe Mitgift zahlen muss, weil kein Ehemann sie umsonst nimmt. Gestern, in dem schwarzen Loch, haben wir von einem gemeinsamen Zuhause geträumt. Das war sehr schön. Ich habe schon oft etwas sehr Schönes geträumt, aber es ist nie in Erfüllung gegangen.«

Ravi kann Sita nicht in die Augen sehen. Er weiß, dass sie Recht hat, dass die Eltern sie nicht aufnehmen werden. Er senkt den Kopf. Vor seinen Füßen windet sich ein haariger Tausendfüßler im Staub. Das Tier ist verletzt, dreht sich im Kreis, hat keine Richtung mehr.

»Wohin willst du denn gehen?«, murmelt Ravi ohne den Blick von dem Tausendfüßler zu wenden.

»Wohin wohl? – Zum Kinderkönig. Dort ist es beschissen, aber auf der Straße ist es noch beschissener. Viel Glück, Ravi. Wenn der große Shiva es will, sehen wir uns wieder in diesem Leben oder danach.«

Sita dreht sich um und beginnt zu rennen. Ravi ruft ihr etwas nach, aber sie ist schon untergetaucht im Strudel der Großstadt.

Langsam geht er in die andere Richtung davon. Er überquert die große Kreuzung, biegt links ab, kommt an dem Hotel vorbei, in dem Mr. Mumtash von ihm Braunen Zucker entgegengenommen hat. Gleich dahinter ist die Straße der Blechschmiede.

Das letzte Stück ist Ravi immer schneller gegangen. Jetzt läuft er.

Es ist wirklich, als käme er nach Hause. Immer vertrauter wird die Gegend. Er begrüßt die Handwerker, die vor ihren Ständen sitzen. Sie grüßen zurück. Und da ist ja der Bengale.

»He, Bengali!«, schreit Ravi. Dann steckt er zwei Finger in den Mund und stößt einen lauten Pfiff aus.

Der Bengale dreht sich um. Er starrt Ravi an, als könne er gar nicht glauben, dass er es wirklich ist.

»Nachher im Hof!«, ruft Ravi ihm über die Straße zu. »Ich brauche dich wohl nicht zu erinnern.« Er zeigt auf seine Beine.

Der Bengale schlenkert zustimmend mit dem Kopf und geht weiter.

Im Hof sieht alles aus wie immer. Was soll sich auch ändern? Ravi schaut, ob die Mutter an der Wasserpumpe steht. – Nein.

Die Frauen dort unterbrechen ihre Arbeit, halten tropfende Wäsche in den Händen und gucken ihn an, als sei er ein Fremder.

Niemand hier hat damit gerechnet, dass ich gesund werde und zurückkomme, denkt Ravi, der Bengale auch nicht.

»Ich lebe noch!«, ruft er. Und mit einem Mal ist so viel Freude in ihm, dass er nicht mehr an sich halten kann. Er stürmt in das Haus, vorbei an den vielen Wohnungen, bis er vor der richtigen Tür steht. Einen Atemzug lang zögert er. Sein Herz klopft bis in den Backenzahn. Dann stößt er die Tür auf.

Zwei alte Leute starren ihn an, die er noch nie gesehen hat. Auf dem Fußboden sitzen Kinder, vier, nein fünf. Eine Frau, so alt wie die Mutter, kommt auf ihn zu.

Aber das ist nicht die Mutter!

Er hat sich in der Tür geirrt. Wie dumm! Kaum ist er mal fort und schon –

»Ravi? Du?« Aus der Wohnung nebenan kommt die Nachbarin mit zwei ihrer sechs Kinder auf ihn zu.

Er hat sich nicht in der Tür geirrt.

Ravi läßt den Sack fallen. In seinen Ohren ist ein Sausen und Rauschen, das immer lauter wird. In seiner Brust sitzt ein Klumpen, der bis in die Kehle drückt und ihn zu ersticken droht.

»Neiiin!«

Der Schrei ist so gellend, dass von allen Seiten Leute herbeieilen. Ravi wird umringt. Jemand hält ihn fest, drückt ihn an sich. Er spürt Wärme, hört Worte, fühlt Hände, die ihn halten, streicheln, an die er sich klammert. Er sieht nichts, weil die Tränen alles undeutlich werden lassen. Aber er ist nicht allein und verloren in seiner grenzenlosen Verzweiflung.

Ein kleines Mädchen drängelt sich zu ihm durch. Auf ihrer Hand liegt ein Stück Nougat, das schon zerläuft. Sie hält es Ravi hin. Er nimmt die Süßigkeit und steckt sie in den Mund. Weinen und Lutschen gleichzeitig ist schwierig. Für eine Weile hat das Lutschen den Vorrang. Dann rinnen die Tränen wieder, aber sie sind schwächer geworden. Auch eine Banane kann trösten, ein würziger Pan und eine Bidi-Zigarette.

»Wohin sind sie gegangen?« Endlich kann Ravi die Frage herausbringen.

Die Nachbarin berichtet: »Bei den Gleisarbeitern hat es Ärger unter den Arbeitern gegeben, sogar Schlägereien. Hindus haben Faroog überfallen und sein Geld gestohlen. ›Moslemschwein‹ haben sie ihn genannt. Faroog war sehr verbittert, als er zurückkam. Er hat geschimpft, alle Hindus wären rückständig. Solange wir uns mehr mit unseren Heiligen beschäftigen würden als mit den Menschenrechten, kämen wir nie aus unserm Elend heraus. Es gab auch hier Ärger. Da hat Faroog seinen Hausstand zusammengepackt und ist mit Mirjam und Nasir nach Pakistan aufgebrochen. Nun sucht er dort den Fortschritt und die Gerechtigkeit für alle.«

»Aber meine Eltern? Wo sind sie?«

Die Nachbarin schaut ihn voll Mitleid an. »Der Hausvermieter hat sie fortgeschickt. Da sind sie zu dem grünen Teeladen gegangen um Amarjit zu treffen. Sie wollten dich suchen.«

Ravi will es nicht glauben. Nein, das ist ein Irrtum, ein Alptraum, ein schreckliches Missverständnis. Es ist nicht wahr. Es kann nicht wahr sein. Seine Gedanken laufen im Kreis.

»Wenn Faroog und Mirjam ausgezogen sind, dann ist hier doch Platz für uns. Genug Platz! Der Vater hat Geld verdient für die Miete. Sag doch, dass es so ist«, bettelt er.

Die Frau seufzt und zieht ihren Sari zurecht, der von der Schulter gerutscht ist. »Ach Ravi, Junge! Man bekommt doch nicht einfach eine Wohnung, nur weil man schon seit Wochen darin zu Besuch ist. Vorher muss man Bakshish zahlen, immer wieder, ein Jahr lang oder zwei oder drei. So ist das nun mal.«

Die Worte der Frau haben eine ungeahnte Wirkung auf Ravi. Er ballt die Fäuste. Die Verzweiflung schlägt um in Wut. Die Tränen versiegen.

»Bakshish, immer und überall Bakshish!«, schreit er. »So will ich nicht leben.«

»Du kannst nichts dagegen machen«, erwidert die Frau. Ihre Stimme bekommt einen weinerlichen Ton. »Wir Armen werden unterdrückt und ausgebeutet. Das ist unser Karma. Alle Menschen leben im Schatten des großen Shiva, die Hungrigen genauso wie die Satten. Jeder bekommt das Leben, das ihm die Götter zugedacht haben.«

Ravi hebt den Sack auf. Es ist das Einzige, was er noch besitzt. Ein dreckiger Jutesack mit ein paar Fetzen Altpapier, die kaum zum Feuermachen reichen. Dazu ein kleiner Vorrat an Zigaretten.

Ravi sieht die Frau fest an. »Es ist Shivas Wille, dass ich als Sohn landloser Bauern in dieses Leben gekommen bin. Aber deshalb muss ich mich nicht ausnutzen lassen von einem Mann, der sich Kinderkönig nennt. Und meine Eltern müssen sich nicht vertreiben lassen von einem geldgierigen Vermieter. Kann das Shivas Wille sein?«

Die Frau weicht einen Schritt zurück. »Du redest beinahe wie Faroog. Oh Ravi, wenn das die Götter hören!«

»Ich lebe noch und das hat etwas mit einem fremden Gott zu tun«, fährt Ravi unbeirrt fort. »Dort, wo man mir geholfen hat, verlangte niemand ein Bakshish. Und das war auch in Indien, sogar in dieser Stadt. Ich gehe zurück zu den Missionarinnen. Sie haben eine Schule für verloren gegangene Kinder. Ich will zur Schule gehen und lernen, wie man besser lebt.«

»Lass das nicht die Götter hören!«, warnt die Frau. »Willst du dich auflehnen? Bist du ein Revolutionär geworden?« Sie zieht ihre Tochter an sich, als ginge eine Gefahr von Ravi aus. »Du musst den Göttern vertrauen«, sagt sie eindringlich. »Wenn sie es wollen, triffst du deine Eltern wieder. Dein Vater war untröstlich, als er heimkam und nur der kleine Bruder da war.«

»Der kleine Bruder?« Ravi horcht auf.

»Ja, ja! Weißt du es denn noch nicht? – Ach, woher denn! Deine Mutter hat einen Jungen geboren, zwei Tage, bevor dein Vater zurückgekommen ist.«

Die Schwester ist also für immer weggegangen. Hoffentlich hat sie irgendwo ein besseres Leben gefunden, in einem friedlichen Land, bei Eltern, die einen Doktor bezahlen können, wenn sie krank wird. Ravi denkt an Sita, die für den Kinderkönig betteln und stehlen muss um zu überleben. Und wieder steigt Wut in ihm hoch.

Er packt den Sack fester. Dann verabschiedet er sich von den Leuten und geht in den Hof hinaus. Da ist noch eine Sache, die er hier zu erledigen hat. Wenn man sich nicht mehr alles gefallen lassen will, braucht man erst mal eine Hose.

Nachwort

Indien ist ein Land mit so vielen verschiedenen Gesichtern, dass wohl jeder Reisende andere Eindrücke mit nach Hause bringt. Auch ich kann nur meine ganz persönlichen Erlebnisse wiedergeben ohne den Anspruch zu erheben Indien zu kennen. Alles, was ich über dieses Land gelesen hatte, war so wie beschrieben und gleichzeitig ganz anders.

Da war zum Beispiel die Armut, die Obdachlosigkeit, das unvorstellbare Elend. Ich hatte Angst, den Anblick so vielen Leidens nicht ertragen zu können. Als ich dann tatsächlich diesen Menschen gegenüberstand, habe ich mit großer Verwunderung gesehen, mit welcher Würde und Ruhe sie ihre Besitzlosigkeit und ihren Hunger hinnehmen. Ich habe Krüppel und Leprakranke getroffen, die eine Freude ausstrahlten, die mich verwirrte und beschämte.

So bin ich mir auch bewusst, dass ich die Gefühle meiner handelnden Personen nur teilweise richtig verstanden und wiedergegeben habe. Vieles konnte ich nur aus meiner europäischen Sicht beurteilen, obwohl mir große Offenheit und Vertrauen entgegengebracht wurde.

Indien ist Traum und Alptraum gleichermaßen. Tiefe Religiosität und eiskalte Ausbeutung, Reichtum und Armut, Mitleid und Kälte fließen ineinander. Alles scheint in Indien möglich zu sein.

Ich danke allen Straßenkindern, die mir aus ihrem

Leben erzählt haben. Sie werden dieses Buch nie lesen, aber sie baten mich Grüße zu bestellen an die Kinder in meinem Land. Das will ich hiermit tun.

Nina Rauprich, Sommer 1991

Worterklärungen

Amritsar
ist die Hauptstadt des Bundesstaates Punjab. Dort leben die meisten Sikhs, mehr als 50%. Der »Goldene Tempel« in Amritsar ist das Hauptheiligtum der Sikhs.

Ayurveda
ist eine sehr alte indische Heilkunde. Die Medizin wird nur aus Pflanzen und Mineralien hergestellt.

Baba
ist eine häufig gebrauchte Anrede für Heilige.

Bakshish
bedeutet Trinkgeld oder Schmiergeld. Diese finanziellen Bestechungen sind in Indien überall verbreitet. Sie werden ganz offen gefordert, auch von Beamten.

Bangla
ist selbst gebrauter Schnaps, der häufig giftige Substanzen enthält. Es sind schon ganze Hochzeitsgesellschaften nach dem Genuss von Bangla gestorben. Da er sehr billig ist, wird er von den Armen trotzdem getrunken.

Bidis
sind handgedrehte Zigaretten, halb so lang wie normale. Sie werden häufig in Kinderarbeit hergestellt.

Brauner Zucker
ist eine Droge aus Heroin-Abfall und chemischen Substanzen. Sie ist sehr giftig. Auch andere Rauschgifte werden in Indien in großen Mengen gehandelt. Oft sind Kinder die Verteiler.

Buddhisten
glauben an die Lehre Buddhas. Buddha gilt bei allen Indern als Erleuchteter; das heißt, dass er die göttliche Offenbarung erfahren hat. Er lebte vor 2500 Jahren. Die Buddhisten in Indien machen weniger als 1% der Bevölkerung aus.

Chapati
ist Fladenbrot, das nur aus Weizenmehl gebacken wird.

Cholera
ist eine heftige Durchfallerkrankung, die sehr ansteckend ist. Sie muss schnell behandelt werden, da sie sonst zum Tod führt.

Dhal
ist ein Brei aus roten Linsen. Da strenggläubige *Hindus* kein Fleisch essen, müssen sie sich mit pflanzlichem Eiweiß ernähren. Reis und Dhal sind besonders nahrhaft.

Dhoti
ist ein in besonderer Weise gewickeltes Tuch, das statt einer Hose getragen wird.

Ganesha
ist der Sohn Shivas. Er hat einen Elefantenkopf, weil Shiva ihm in einem Anfall von Wut den Kopf abriss und dafür vom erstbesten Lebewesen, das gerade dort war, den Kopf aufsetzte. Dies war ein Elefant. Ganesha reitet auf einer Ratte. Die Ratte ist das Symbol für Kraft, die auch im kleinsten Lebewesen steckt und die so gewaltig ist, dass eine Ratte einen Elefanten tragen kann.

Ghee
ist Butterfett. Es wird zur Zubereitung von Speisen verwendet, ebenso für kleine Opferlichter im Tempel.

Harijans
sind die Allerniedrigsten. Sie sind Kastenlose, also genau genommen überhaupt nicht vorhanden in der menschlichen Gesellschaft. Die Harijans müssen deshalb die dreckigsten Arbeiten erledigen und dürfen Menschen, die einer Kaste angehören, nicht anfassen.

Hindus
sind ca. 82% aller Inder. Ihre Religion ist der Mittelpunkt ihres Lebens. Die Hindureligion ist für Europäer schwer zu durchschauen, da sie sehr viele Götter kennt. Diese Götter werden oft als Fabelwesen dargestellt, mit mehreren Armen und Köpfen, manchmal auch halb Tier, halb Mensch. Die meisten Hindus haben einen »Lieblingsgott«. Besonders häufig ist das Shiva.

Kali
ist eine Göttin, die Schutzpatronin der großen Stadt Kalkutta.

Karma
ist ein wichtiger Begriff für alle Inder, da sie an die Wiedergeburt glauben. Das Karma wird festgelegt nach guten oder schlechten Taten aus den vorherigen Leben. Böse Taten haben ein schweres, trauriges Schicksal zur Folge. Gute Taten bringen ein reiches, glückliches Leben.

Kasten
sind bestimmte soziale Gruppen in Indien, die durch Geburt festgelegt sind. Alle Menschen gehören einer Kaste an und können sie ein Leben lang nicht wechseln. Es gibt vornehme und niedrige Kasten und viele Abstufungen dazwischen.

Lepra
ist Aussatz, eine Krankheit, die sich über viele Jahre hinzieht. Sie beginnt mit Hautflecken, dann folgen Geschwüre, die dazu führen, dass Glieder verfaulen und abfallen. Lepra ist sehr ansteckend. Trotzdem gibt es in Indien überall Leprakranke, die für ihren Lebensunterhalt bettelnd durch die Straßen ziehen. Man schätzt ihre Zahl allein in Indien auf 4 Millionen.

Maharadscha
ist ein indischer Großfürst, ein reicher und mächtiger Mann. Ein Radscha ist ein Fürst.

Malaria
ist eine Infektionskrankheit mit heftigen Fieberschüben. Diese Krankheit wird durch die Anopheles, eine besondere Art der Moskitos, übertragen.

Mantra
ist eine heilige Gebetsformel.

Mataji
heißt »ehrwürdige Mutter«. Es ist die Anrede, die Kinder verwenden müssen. Auch Mütter von Freunden werden so angeredet oder andere Frauen, denen Kinder Ehrfurcht entgegenbringen.

Missionarinnen der Nächstenliebe
gehören dem Orden an, den Mutter Teresa gegründet hat. Das Stammhaus ist in Kalkutta. Außerdem sind noch über 130 Niederlassungen über ganz Indien verbreitet. Sie unterhalten Krankenhäuser, Heime für Waisen und ausgesetzte Kinder, Leprastationen, Schulen, Arztpraxen auf Rädern, Sterbehäuser und Suppenküchen. Sie sind auf Spenden angewiesen. Hier ihre Anschrift: Missionaries of Charity/54 A – A.J.C. Bose Road/Calcutta – 700016. Deutsche Kontaktadresse: Elisenstr. 15, 45139 Essen, Telefon: 02 01 – 23 56 41.

Monsun
nennt man den großen Regen in Indien. In den meisten Gebieten Indiens fällt acht Monate lang so gut wie kein Regen. Dann aber kommt der Monsun. Er ist sehr heftig und bringt überall Überschwemmungen mit sich.

Moslems
sind ca. 12% aller Inder. Sie glauben an Allah und seinen Propheten.

Namaste
ist eine häufig gebrauchte Begrüßungsformel.

Paisa
ist die kleinste indische Münze. 100 Paisa = 1 Rupie.

Pakistan
ist ein Staat nördlich von Indien. 1947 spalteten sich mehrere Provinzen Indiens vom Mutterland ab und gründeten einen eigenen Staat. Dort leben heute fast ausschließlich Moslems.

Pan
wird sehr gerne in Indien gekaut. Der blutrote Saft der Betelnuss wird auf die Straße gespuckt, an Hauswände oder auf den Boden von öffentlichen Gebäuden. Daran stört sich niemand.

Pitaji
heißt »ehrwürdiger Vater«. Hier gilt dasselbe wie bei Mataji, nur für Väter.

Pudja
ist eine Andacht vor einem Götterbild oder im Tempel.

Rikshas
sind indische Verkehrsmittel. Am meisten verbreitet sind Fahrrad-Rikshas. Motor-Rikshas sind umgebaute Motorroller. Auf dem Rücksitz haben zwei Menschen nebeneinander Platz.

Roti
ist Fladenbrot aus Gerste oder Mischgetreide.

Rupie
nennt man die indische Währungseinheit. 15 Rupien = ca. 1,– DM (1997).

Sahib
ist ein »feiner« Herr; ursprünglich waren damit nur weiße Europäer gemeint. Heute wird der Ausdruck oft ironisch gebraucht.

Sari
ist ein dünnes Tuch, das auf besondere Weise gewickelt wird und seit jeher *das* Bekleidungsstück der Frauen ist. Junge Mädchen tragen heute manchmal Röcke oder Jeans. Aber nach der Hochzeit tragen sie alle nur noch Saris.

Shaboi
ist eine niedrige Liege, mit Jutebändern oder Seilen bespannt. Sie dient sowohl als Sitzmöbel als auch zum Schlafen. Verhandlungen oder Geschäftsabschlüsse werden häufig bei einem Gespräch auf einem Shaboi gemacht. Für ärmere Leute ist es das einzige Möbelstück.

Shai
ist eine besondere Teezubereitung, die den ganzen Tag über getrunken wird. Auch schwarzer Tee, wie wir ihn kennen, wird in Indien getrunken, aber seltener.

Shiva
ist der Name eines Hindu-Gottes.

Sikhs
gehören zu einer Religionsgemeinschaft, bei der sich hinduistische und moslemische Elemente mischen. Sikhs sind äußerlich an ihrem spitz zulaufenden Turban zu erkennen, unter dem sie ihre Haare in einem Knoten zusammenbinden. Aus religiösen Gründen dürfen sie ihre Haare nicht schneiden. Die Sikhs sind tapfer und kriegerisch, wenn sie für ihren Glauben kämpfen müssen. Sie sind aber auch sehr sozial und hilfsbereit. Reiche Sikhs unterhalten Armenküchen usw.

Swami
bedeutet »Meister«. Oft werden Heilige als Swami bezeichnet.

Thakurs
sind Landbesitzer. Sie gehören einer vornehmen Kaste an.

Spannung und Abenteuer am Fuße des Himalaya

Nina Rauprich
Die Trommler von Bhaktapur
176 Seiten, ab 12 Jahren, ISBN 3 522 16984 1

Maila lebt mit seiner Familie in Bhaktapur, am Rand des Himalaya-Gebirges. Trotz moderner Strömungen ist der Alltag der Menschen in Nepal vom Glauben an die Götter geprägt. Eine ganz wichtige Rolle spielt dabei die Musik. Maila fühlt sich zu den Trommlern hingezogen, die dem Musikgott Nasadyo dienen. Er spürt deutlich die magische Verbindung zwischen ihnen und den Göttern, auch wenn sein bester Freund Govinda das bestreitet. Als Maila beschließt, selbst Trommler zu werden, beginnt für den Jungen ein spannendes Abenteuer.